Konzepte. Ansätze der Medien- und Kommunikationswissenschaft

herausgegeben von
Prof. Dr. Patrick Rössler und
Prof. Dr. Hans-Bernd Brosius

Band 7

Thomas Roessing

Schweigespirale

Nomos

Die Deutsche Nationalbibliothek verzeichnet diese Publikation in der Deutschen Nationalbibliografie; detaillierte bibliografische Daten sind im Internet über http://dnb.d-nb.de abrufbar.

ISBN 978-3-8329-6041-4

1. Auflage 2011

Vorwort der Reihenherausgeber

Etliche Jahre schien das Fehlen von Lehrbüchern auch die akademische Emanzipation der Kommunikationswissenschaft zu behindern. Doch in jüngerer Zeit hat der fachkundige Leser die Auswahl aus einer Fülle von Angeboten, die nur noch schwierig zu überblicken sind. Wie lässt es sich dann rechtfertigen, nicht nur noch ein weiteres Lehrbuch, sondern gleich eine ganze Lehrbuchreihe zu konzipieren?

Wir sehen immer noch eine Lücke zwischen den großen Überblickswerken auf der einen Seite, die eine Einführung in das Fach in seiner ganzen Breite versprechen oder eine ganze Subdisziplin wie etwa die Medienwirkungsforschung abhandeln – und andererseits den Einträgen in Handbüchern und Lexika, die oft sehr spezifische Stichworte beschreiben, ohne Raum für die erforderliche Kontextualisierung zu besitzen. Dazwischen fehlen allerdings (und zwar vor allem im Bereich der Mediennutzungs- und Medienwirkungsforschung) monographische Abhandlungen über zentrale KONZEPTE, die häufig mit dem Begriff der „Theorien mittlerer Reichweite" umschrieben werden.

Diese KONZEPTE gehören zum theoretischen Kerninventar unseres Fachs, sie bilden die Grundlage für empirische Forschung und akademisches Interesse gleichermaßen. Unsere Lehrbuchreihe will also nicht nur Wissenschaftlern einen soliden und gleichzeitig weiterführenden Überblick zu einem Forschungsfeld bieten, der deutlich über einen zusammenfassenden Aufsatz hinausgeht: Die Bände sollen genauso Studierenden einen fundierten Einstieg liefern, die sich für Referate, Hausarbeiten oder Abschlussarbeiten mit einem dieser KONZEPTE befassen. Wir betrachten unsere Lehrbuchreihe deswegen auch als eine Reaktion auf die Vorwürfe, mit der Umstellung auf die Bachelor- und Masterstudiengänge würde Ausbildung nur noch auf Schmalspurniveau betrieben.

Die Bände der Reihe KONZEPTE widmen sich deswegen intensiv jeweils einem einzelnen Ansatz der Mediennutzungs- und Wirkungsforschung. Einem einheitlichen Aufbau folgend sollen sie die historische Entwicklung skizzieren, grundlegende Definitionen liefern, theoretische Differenzierungen vornehmen, die Logik einschlägiger Forschungsmethoden erläutern und empirische Befunde zusammenstellen. Darüber hinaus greifen sie aber auch Kontroversen und Weiterentwicklungen auf, und sie stellen die Beziehungen zu theoretisch verwandten KONZEPTEN her. Ihre Gestaltung und ihr Aufbau enthält didaktische Elemente in Form von Kernsätzen, Anekdoten oder Definitionen – ebenso wie Kurzbiografien der Schlüsselautoren und kommentierte Literaturempfehlungen. Sie haben ein Format, das es in der

Publikationslandschaft leider viel zu selten gibt: ausführlicher als ein Zeitschriften- oder Buchbeitrag, kompakter als dickleibige Forschungsberichte, und konziser als thematische Sammelbände.

Die Reihe KONZEPTE folgt einem Editionsplan, der gegenwärtig 25 Bände vorsieht, die in den nächsten Jahren sukzessive erscheinen werden. Als Autoren zeichnen fachlich bereits ausgewiesene, aber noch jüngere Kolleginnen und Kollegen, die einen frischen Blick auf die einzelnen KONZEPTE versprechen und sich durch ein solches Kompendium auch als akademisch Lehrende qualifizieren. Für Anregungen und Kritik wenden Sie sich gerne an die Herausgeber unter

patrick.roessler@uni-erfurt.de

brosius@ifkw.lmu.de

Inhaltsverzeichnis

Abbildungsverzeichnis

Tabellenverzeichnis

1. Grundzüge der Theorie

Die Theorie der Schweigespirale versucht die Veränderung kollektiver Meinungsverteilungen in einer Gesellschaft zu erklären. Es geht um die Frage, warum mal mehr und mal weniger Menschen für eine politische Partei, eine Gesetzesänderung oder die Nutzung einer neuen Technologie sind. Von der öffentlichen Meinung hängt aber auch ab, welches Verhalten in der Öffentlichkeit geduldet oder verachtet wird; ein gutes Beispiel dafür sind die Diskussionen um das Rauchen in Verkehrsmitteln und Restaurants. Dabei ist das eigentliche Konzept der Schweigespirale nur ein Teil einer größeren Theorie der öffentlichen Meinung, die seit den 1960er Jahren von der Meinungsforscherin Elisabeth Noelle-Neumann (1916-2010) entwickelt wurde. Die vollständige Definition für den Begriff „öffentliche Meinung" lautet wie folgt:

Definition

„Unter öffentlicher Meinung versteht man wertgeladene, insbesondere moralisch aufgeladene Meinungen und Verhaltensweisen, die man – wo es sich um festgewordene Übereinstimmung handelt, zum Beispiel Sitte, Dogma – öffentlich zeigen muß, wenn man sich nicht isolieren will; oder bei im Wandel begriffenem ‚flüssigen' [...] Zustand öffentlich zeigen kann, ohne sich zu isolieren." (Noelle-Neumann, 1996: 343-344)

Das Phänomen der Schweigespirale betrifft dabei den flüssigen Zustand der öffentlichen Meinung, wenn sich die Mehrheitsverhältnisse in einer Gesellschaft rasch ändern. Festgewordene öffentliche Meinung ändert sich dagegen nur sehr langsam. Etablierte Sitten – beispielsweise der Händedruck zur Begrüßung oder das Tragen von Bekleidung in der Öffentlichkeit – verändern sich nicht in überschaubaren Zeiträumen.

Ziele des Lehrbuchs

Das zentrale Ziel dieses Lehrbuchs ist, die verhältnismäßig komplexe Theorie der öffentlichen Meinung, speziell der Schweigespirale, anschaulich und leicht verständlich zu erklären. Dazu werden in diesem Kapitel zunächst die Grundzüge der Theorie erläutert. Das zweite Kapitel zeichnet die Entwicklungsgeschichte des Ansatzes nach. Im Anschluss werden die Forschungslogik für die Erforschung der Schweigespirale erklärt und einige empirische Befunde vorgestellt. Der darauf folgende Abschnitt beschäftigt sich mit wissenschaftlicher und politischer Kritik an dem Ansatz, aber auch mit Weiterentwicklungen und Verbesserungen, die mit der Zeit nötig wurden. Außerdem wird noch kurz auf verwandte und konkurrierende Ansätze eingegangen, beispielsweise den staatswissenschaftlichen Begriff der öffentlichen Meinung oder das mit der Schweigespirale eng verwandte Bandwagon-Konzept.

Funktionsprinzip

Bei einer Schweigespirale verändern sich die Mehrheitsverhältnisse über einen Zeitraum von Wochen, Monaten oder einigen Jahren. Meist stehen sich zwei Meinungslager gegenüber: Das eine ist für etwas, das andere dagegen. Oder ein Meinungslager vertritt eine bestimmte Auffassung (z.B. zur Lösung eines Konfliktes), das andere eine ganz andere. Handelt es sich um emotional aufgeladene Themen, die in der Öffentlichkeit und den Massenmedien heiß diskutiert werden, kann sich eine Schweigespirale entwickeln. Der zu Grunde liegende Mechanismus ist folgender: Von zwei Meinungslagern ist eines entweder *tatsächlich* größer oder es *erscheint* durch stärkere Aktivität der Anhänger größer als das andere. Aus Furcht sich zur Seite des (scheinbaren) Verliererlagers zu bekennen, trauen sich in der Folge immer weniger Menschen, die Meinung dieses Lagers öffentlich zu vertreten. Die Anhänger des verlierenden Lagers zeigen mehr und mehr die Tendenz ihre Meinung zu verschweigen oder anderweitig nicht mehr öffentlich zu zeigen (beispielsweise durch Anstecker, Aufkleber, Bekleidung etc.). Das verlierende Lager wirkt in der öffentlichen Wahrnehmung durch diese zunehmende Schweigetendenz seiner Anhänger nochmals kleiner – was wiederum mehr Menschen furchtsam und vorsichtig werden und ihre Meinung lieber verschweigen lässt. ‚Dreht' sich eine Schweigespirale bis zum Ende, verschwindet das verlierende Lager praktisch aus der Öffentlichkeit, seine Meinung wird am Ende nicht mehr, oder allenfalls von wenigen Unentwegten – dem sogenannten harten Kern – noch vertreten. Das siegreiche Lager beherrscht nun die öffentliche Meinung, es ist diese Meinung, die man allein öffentlich äußern oder zeigen kann, ohne sich sozial zu isolieren.

Modell

Modell 1: Schweigespirale

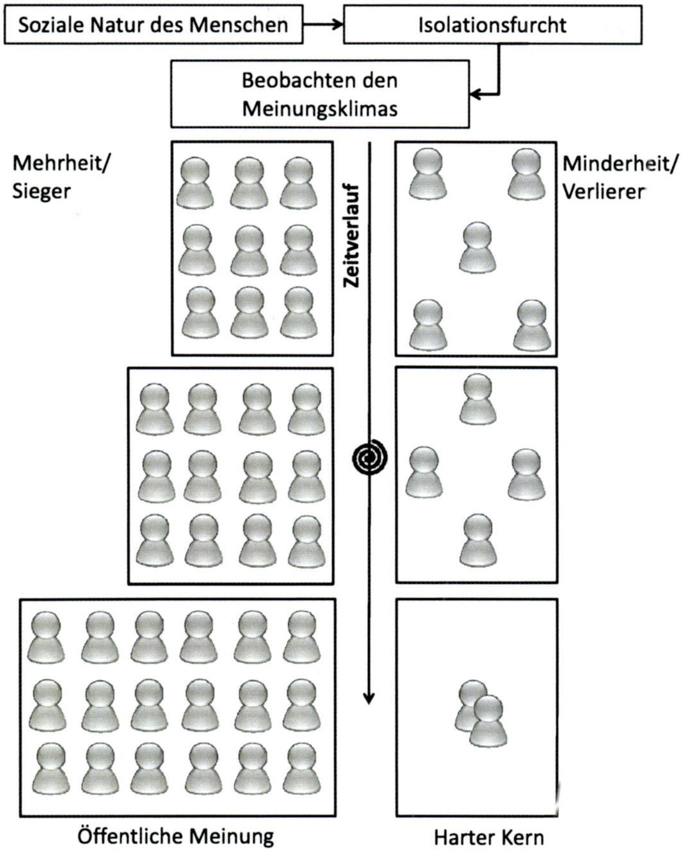

Hinweis: Die Figuren symbolisieren „mehr“, „Mehrheit“ und „weniger“, „Minderheit“, sie stehen nicht für eine bestimmte Anzahl Menschen, die die Seiten wechseln.

Quelle: Eigene Darstellung

Soziale Natur des Menschen und Isolationsfurcht des Individuums

Nach Noelle-Neumann ist der wichtigste Antrieb für die öffentliche Meinung die soziale Natur des Menschen, genauer gesagt ein Teil dieser Natur, die Isolationsfurcht des Individuums: Die meisten Menschen haben Angst sozial isoliert zu sein, von anderen zurückgewiesen, ‚schief angeguckt‘ zu werden. Der amerikanische Soziologe Thomas Scheff nennt diese enge Beziehung der Menschen zu ihren Mitmenschen das ‚soziale Band' („social bond", Scheff, 1990: 4-5), das für die allermeisten Menschen äußerst kostbar und auch mit Emotionen verbunden ist. Diese Verankerung der öffentlichen Meinung in, oft unbewussten, Emotionen schränkt allerdings auch den Wirkungsbereich der Schweigespirale ein, denn in rationalen Diskursen und bei Themen, die die Menschen eher ‚kalt lassen', gibt es sie nicht. Schweigespiralen können sich nur bei Themen entwickeln, die emotional aufgeladen sind, ‚moralische Ladung' haben. Themen, bei denen es nicht um die Frage geht, wer richtig oder falsch liegt, sondern wer die ‚gute' und wer die ‚schlechte' Meinung vertritt. Typische Themen, bei denen sich eine Schweigespirale entwickeln kann, sind Umweltschutz (Kernenergie, Gentechnik), Religion und Sexualität (Abtreibung, Familienpolitik) und Gewalt (Schläge bei der Kindererziehung, Militäreinsätze im Ausland, Todesstrafe) (vgl. z.B., Noelle-Neumann, 1974; Noelle-Neumann, 1989; Noelle-Neumann, 1991 b; Salmon & Neuwirth, 1990). Bei Themen, die nicht ‚heiß' diskutiert werden, sondern rational entschieden werden können, kann sich der Theorie zufolge keine Schweigespirale entwickeln (Noelle-Neumann, 2001: 236).

Begriffe

Soziale Natur des Menschen: Menschliches Grundbedürfnis nicht von seinen Mitmenschen getrennt, isoliert zu sein.

Isolationsfurcht des Individuums: Konkrete Besorgnis des Einzelnen, sich durch Meinungsäußerungen oder Verhalten bei anderen unbeliebt zu machen.

Moralische Ladung: Emotionales Potential, das Isolationsfurcht (und umgekehrt: Isolationsdrohungen gegen Abweichler) erst wirksam werden lässt.

Die Themen der öffentlichen Meinung sind abhängig von Raum und Zeit. Im Alten China waren andere Dinge gern gesehen oder verpönt (Roessing, 2007 a) als im Alten Griechenland (Stenger, 2007) und in den USA sind andere Themen öffentlich umstritten als in Russland. Der Mechanismus der Schweigespirale ist allerdings vermutlich genauso alt, wie die menschliche Gesellschaft, also in allen Kulturen und allen Zeiten zu finden (Noelle-Neumann & Petersen, 2004: 350). In modernen Gesellschaften sind immer auch die Massenmedien zu berücksichtigen, wenn Sozialwissenschaftler und Meinungsforscher Schweigespiralen beobachten. Die Medien machen Menschen auf Themen aufmerksam (Agenda Setting, Maurer, 2010), verleihen ihnen Öffentlichkeit. Die Medien informieren die Menschen darüber, was die meisten denken und welche Meinungen unpopulär sind und sie stellen Argumente zur Verfügung, die der Einzelne für Diskussionen mit Arbeitskollegen und im Bekanntenkreis übernehmen kann (Noelle-Neumann, 2001: 222-250).

Kernsätze

Nach Noelle-Neumann & Petersen, 2004: 349-350.

1. Die allermeisten Menschen fürchten die soziale Isolation.
2. Menschen beobachten daher ständig das Verhalten anderer um einschätzen zu können, welche Meinungen und Verhaltensweisen öffentliche Zustimmung oder Ablehnung finden.
3. Menschen üben Isolationsdruck auf andere aus, beispielsweise, indem sie sich abwenden, wenn jemand etwas sagt oder zeigt, was von der öffentlichen Meinung missbilligt wird.
4. Menschen neigen dazu ihre eigene Meinung zu verschweigen, wenn sie denken, dass sie sich dadurch dem Isolationsdruck anderer aussetzen.
5. Diejenigen dagegen, die Unterstützung für ihre Position spüren, sagen ihre Meinung laut und deutlich.
6. Laute Meinungsäußerungen auf der einen, Schweigen auf der anderen Seite setzt den Schweigespiralprozess in Gang.
7. Dieser Prozess kann sich nur an emotional aufgeladenen Themen entzünden.
8. Herrscht in einer Gesellschaft Konsens, ist es unwahrscheinlich, dass dieser durch eine Schweigespirale gestört wird. Es sind üblicherweise kontroverse Themen, bei denen ein Schweigespiralprozess entsteht.
9. Die tatsächliche Stärke der Meinungslager muss nicht ausschlaggebend sein für ihr Gewicht in einem Schweigespiralprozess. Die Meinung einer Minderheit kann in der Öffentlichkeit als Mehrheit erscheinen, wenn ihre Anhänger nur selbstbewusst genug auftreten und ihre Meinung öffentlich mit Nachdruck vertreten.
10. Die Massenmedien können einen maßgeblichen Einfluss auf Prozesse der öffentlichen Meinung ausüben. Wenn die Medien übereinstimmend („konsonant“, Noelle-Neumann, 1973) ein Meinungslager unterstützen, hat es deutlich erhöhte Chancen, aus der Schweigespirale als Sieger hervorzugehen.
11. Isolationsfurcht und Isolationsdrohung sind unterschwellig wirksam, die meisten Menschen denken nicht aktiv darüber nach, inwieweit sie ihr Verhalten an der öffentlichen Meinung orientieren.

12. Öffentliche Meinung findet ihre Grenzen in Zeit und Raum. Soziale Kontrolle durch öffentliche Meinung gibt es immer und überall, wo Menschen in Gesellschaften zusammenleben. Was konkret von der öffentlichen Meinung gebilligt oder abgelehnt wird, ändert sich jedoch mit der Zeit und variiert von Ort zu Ort.
13. Öffentliche Meinung stabilisiert und integriert die Gesellschaft, weil Konflikte durch eine Schweigespirale beendet und gesellschaftlicher Zwist zugunsten einer Auffassung beigelegt wird. Das ist der Grund, warum man Noelle-Neumanns Theorie auch „Integrationskonzept der öffentlichen Meinung" nennt.

2. Entwicklungsgeschichte des Ansatzes

Bundestagswahl 1965

Elisabeth Noelle-Neumann hatte 1947 mit ihrem ersten Mann Erich Peter Neumann das Institut für Demoskopie in Allensbach am Bodensee gegründet (Institut für Demoskopie Allensbach, 1997: 3). Die Umfragen des Instituts unter der Deutschen Bevölkerung dienten auch der Wahlforschung, dem Versuch das Verhalten der Wähler bei Bundestagswahlen zu erklären und mit Hilfe der Erklärungen den Wahlausgang möglichst treffsicher zu prognostizieren. Für derartige Wahlprognosen wurde nicht nur die bekannte „Sonntagsfrage“ verwendet: „Wenn schon am nächsten Sonntag Bundestagswahl wäre, welche Partei würden Sie dann wählen?“ (Noelle-Neumann/Petersen, 2005 a: 293), sondern auch die Rückerinnerungsfrage, was der Befragte bei der letzten Wahl gewählt hat, und welche Vermutung er hat, wer die Wahl gewinnen wird: „Wissen kann das natürlich niemand, aber was glauben Sie, wer die kommende Bundestagswahl gewinnt, wer die meisten Stimmen bekommt […]“? (Noelle-Neumann, 2001: 231). Auch die amtlichen Endergebnisse vergangener Wahlen wurden als Vergleich mit herangezogen. Dabei fielen den Wissenschaftlern unter Leitung Noelle-Neumanns seltsame Phänomene auf, die ihnen Rätsel aufgaben. Das erste Rätsel betraf die Entwicklung der Wahlabsicht der Bevölkerung – ermittelt durch die Umfragen des Instituts – und der Erwartung, wer die Wahl gewinnt in den Monaten und Wochen vor der Bundestagswahl 1965. Damals traten der seit 1963 in einer Koalition mit der FDP regierende Kanzler Ludwig Erhard als Kandidat der Unionsparteien und Willy Brandt von der SPD gegeneinander an (Nocker, 2007). Weil in Deutschland der Kanzler nicht direkt gewählt wird und es damit auf die Zahl der Zweitstimmen für die Parteien ankam, erhob das Institut für Demoskopie von Dezember 1964 bis September 1965 die Wahlabsicht für die Unionsparteien und die SPD. Die Werte schwankten um einen Wert von rund 45 Prozent für beide Parteien herum. Im Februar führte die SPD bei der Wahlabsicht mit einigen Prozentpunkten vor der CDU/CSU, ansonsten lag die Union vorn, auch wenn die Kurven sich immer wieder annäherten. Erst zwischen den Messungen von August und September, kurz vor der Wahl, stieg der Wert für die CDU auf rund 50 Prozent, während die SPD auf unter 40 Prozent abstürzte. Was war die Erklärung für diesen „Last-Minute-Swing“, die Entscheidung des Wahlkampfes in letzter Minute? (Modell 2).

Das Allensbacher Institut hatte zusätzlich die oben erwähnte Frage gestellt, wer wohl die Wahl gewinnen wird. Auch diese Ergebnisse sind in Modell 2 eingezeichnet und man sieht, dass sich der Last-Minute-

Swing genau in Richtung des erwarteten Wahlsiegers entwickelt (Noelle-Neumann, 2001:13-16). Noelle-Neumann wunderte sich darüber, dass bei mehr oder weniger gleichbleibenden Wahlabsichten die Vermutungen, wer die Wahl gewinnt, sich so eindeutig in eine Richtung entwickelten. Sie vermutete einen Zusammenhang zwischen der Stimmung im Lande hinsichtlich der Frage, wer wohl die Wahl gewinnt und dem Last-Minute-Swing. Begünstigte das Meinungsklima – die Erwartung der Bevölkerung wer die Wahl gewinnt – vielleicht eine Wahlentscheidung durch „Mitläufer in letzter Minute" (Noelle-Neumann, 2001: 19)?

Modell

Modell 2: Last Minute Swing 1965

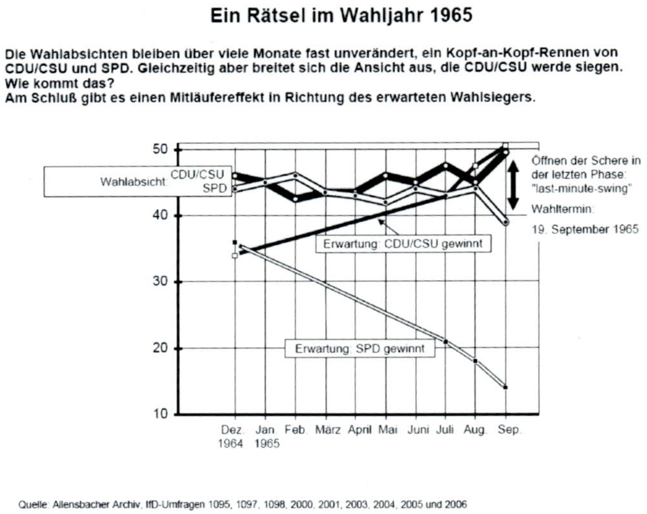

Quelle: angelehnt an Noelle-Neumann 2001: 15.

Bundestagswahl 1972

Wahlen sind für Sozialwissenschaftler eine gute Gelegenheit, gezielt zu forschen, weil sie sich regelmäßig wiederholen. Wenn ein Wissenschaftler vermutet, dass es eine Gesetzmäßigkeit im Wahlverhalten der Bürger gibt, kann er diese Vermutungen – die man in der Wissenschaftstheorie als Hypothesen bezeichnet – bei einer der nächsten

Wahlen überprüfen.[1] Elisabeth Noelle-Neumann sah in der Bundestagswahl 1972 eine Möglichkeit, die Vermutungen zum Zusammenhang zwischen dem Meinungsklima und der Wahlentscheidung zu testen. Dieses Mal zeigte sich ein etwas anderes Bild: Es gab kurz vor der Wahl keinen eindeutig erwarteten Wahlsieger. Allerdings hatten sich die Siegeserwartungen für die Unionsparteien seit August des Wahljahres 1972 stark abgeschwächt, während die Erwartung, dass die SPD gewinnen würde, stark angestiegen war. Am Ende beobachteten die Allensbacher Wissenschaftler einen „Mitläufereffekt in Richtung der stärker werdenden Siegeserwartungen" (Noelle-Neumann, 2001: 17).

Reden, Schweigen und Meinungsklima

Da sich der Zusammenhang zwischen der Erwartung, wer die Wahl gewinnt (dem „Meinungsklima") und der Wahlentscheidung bestätigt hatte, versuchte Noelle-Neumann nun, dieses Phänomen zu erklären. Dabei stützte sie sich auf Beobachtungen während des heiß umstrittenen Wahlkampfes 1972, der auf manche Menschen geradezu ‚melodramatisch' (Kepplinger, Maurer, & Roessing, 1999: 135) wirkte.

Anekdoten

Noelle-Neumann berichtet, dass sie die Erklärung für den Meinungsklima-Effekt auf die Wahlentscheidung einer Studentin verdanke, die während der Studentenunruhen Ende der 1960er-, Anfang der 1970er Jahre probeweise ein CDU-Abzeichen an der Kleidung getragen habe. Noelle-Neumann sprach sie darauf an und die Studentin sagte „Ich habe das Abzeichen nur einmal angesteckt, um zu sehen, wie das ist...". Einige Stunden später hatte die Studentin das Abzeichen abgenommen: „Ja", sagte sie, „ich habe es abgemacht, es war zu furchtbar." (Noelle-Neumann, 2001: 17).

Die von Noelle-Neumann formulierte Erklärung für die Ereignisse von 1965 und 1972 besagt, dass immer weniger Menschen bereit sind, sich öffentlich zu einer Partei oder einem politischen Lager zu bekennen, wenn sie den Eindruck haben, dass diese Partei die Wahl verlieren wird. Umso eher sind die Anhänger der Partei von der allgemein ein Sieg erwartet wird bereit, sich öffentlich zu dieser Partei zu bekennen, durch Wort und Tat, aber auch durch das Tragen von Abzeichen, wie in der vorstehenden Anekdote. Der Druck auf die Anhänger des verlierenden Lagers, sich öffentlich zurückzuhalten wurde 1972 durch die beson-

1 In Wirklichkeit erleichtern Wahlen zwar die Forschung, weil die Termine lange vorher feststehen und die Vorgänge sich nicht grundlegend ändern; allerdings ist doch jede Wahl anders, mit anderen Themen, anderen Kandidaten, manchmal mehr und manchmal weniger Parteien. Das macht es insgesamt sehr schwer, wissenschaftliche Gesetzmäßigkeiten zu finden und zu überprüfen (Roessing, 2007b).

dere emotionale Aufladung des Wahlkampfs begünstigt. Für die SPD trat Willy Brandt an, seit 1969 Bundeskanzler und Vertreter einer Politik der Öffnung gegenüber dem kommunistischen Ostblock und der DDR. Diese Politik begeisterte viele Menschen, Künstler und Wissenschaftler setzten sich für den Kanzlerkandidaten der SPD ein (Ennen, 2007). Gegenkandidat war Rainer Barzel von der CDU, die deutliche Vorbehalte gegen Brandts Ostpolitik hatte. „Im Laufe der Zeit kippt das Meinungsklima zugunsten der SPD“ schreibt Ilka Ennen in ihrer Analyse der Wahlkämpfe Willy Brandts über das Jahr 1972. In dieser aufgeladenen Stimmung spielte sich schließlich, den Beobachtungen Noelle-Neumanns zufolge, eine Schweigespirale ab, die sie folgendermaßen beschreibt:

„Wer von der neuen Ostpolitik überzeugt war, spürte, wie das, was er dachte, von allen gebilligt wurde. Also äußerte er sich laut und voll Selbstvertrauen und zeigte seine Ansichten; diejenigen, die die neue Ostpolitik ablehnten, fühlten sich alleingelassen, zogen sich zurück, verfielen in Schweigen. Und eben dieses Verhalten trug dazu bei, daß die ersteren stärker erschienen, als sie wirklich waren, und die letzteren schwächer. Diese Beobachtungen in ihrem Umkreis veranlaßten wieder andere, sich laut zu bekennen oder ihre Ansichten herunterzuschlucken und zu schweigen, bis wie in einem Spiralprozeß die einen öffentlich ganz dominierten und die anderen aus dem öffentlichen Bild völlig verschwunden und ‚mundtot‘ waren.“ (Noelle-Neumann, 2001: 18).

Rückerinnerungsfrage

Neben der Frage „Wer gewinnt die Wahl?“ gibt es ein weiteres Indiz dafür, dass das Meinungsklima die Meinungen der Menschen – oder zumindest die Bereitschaft, sie öffentlich zu äußern – beeinflusst: Manchmal weichen die Antworten auf die Frage, was man bei der letzten Bundestagswahl gewählt habe vom tatsächlichen Wahlergebnis deutlich ab. Das ist keineswegs immer der Fall, aber 1969 und 1972 behaupteten nach der Wahl deutlich mehr Menschen SPD gewählt zu haben, als es nach dem amtlichen Endergebnis tatsächlich getan hatten. Wahlforscher nennen das ‚Overclaiming‘. Gleichzeitig bekannten sich weniger Menschen dazu, CDU/CSU gewählt zu haben, als es nach dem Ergebnis hätten sein müssen (‚Underclaiming‘).

Aus der näheren Betrachtung der Antworten auf die Rückerinnerungsfrage kann man zweierlei Schlüsse ziehen: Erstens: Das Meinungsklima wandelt sich mit der Zeit; die Bereitschaft, sich zur Wahl einer Partei zu bekennen ist zudem nicht auf ein politisches Lager beschränkt. Und: Das Meinungsklima betrifft Linke wie Konservative gleichermaßen (Noelle-Neumann, 2001: 55-56.). Zweitens: Bei Studien, für die die gleichen Personen mehrmals befragt werden („Paneldesign“, vgl. Noelle-Neumann & Petersen 2005 a: 477-487, siehe auch Kap. 3 dieses Bandes), orientierte sich die Abweichung bei der Antwort auf die Erinnerungsfrage häufig nicht am *allgemeinen* Meinungsklima, sondern an der bevorzugten Partei der *eigenen Gruppe*, also zur SPD bei jüngeren Wählern und zur Union bei den Älteren. Dies spricht nach Ansicht Noelle-Neumanns (2001: 52) dafür, dass die Ursache für die Abweichung nicht in dem Wunsch auf der Seite des Siegers zu sein liegt. Sie liegt vielmehr in der Furcht, sich in seinem eigenen sozialen Umfeld durch eine ‚falsche' Meinung zu isolieren.

Literaturstudien

Um dem Phänomen des Meinungsklimas und der Isolationsfurcht näher auf den Grund zu gehen, verließ sich Noelle-Neumann nicht nur auf empirische Daten aus Umfragen zu Wahlen. Sie vermutete, dass die soziale Natur des Menschen, die ihn unter Umständen zwingt, sich der Meinung anzupassen, die als Mehrheit oder Sieger erscheint, ein generelles Phänomen in menschlichen Gesellschaften sei. In diesem Fall müssten sich in der Literatur, der Philosophie und der Geschichte Hinweise darauf finden lassen, wie die Schweigespirale funktioniert und welche politischen und gesellschaftlichen Konsequenzen die öffentliche Meinung hat. Bei ihren Literaturstudien – die sie hauptsächlich mit Hilfe ihrer Studenten an der Universität Mainz durchführte – wurde Elisabeth Noelle-Neumann schnell fündig. Die Studien untersuchten Rousseau und Hume, Alexis de Tocqueville und Don Quijote und viele andere Autoren, Werke oder Epochen (s. auch Kap. 3). Es ist an dieser Stelle zu wenig Raum, um alle Bezüge zwischen Noelle-Neumanns Auffassung von der sozialen Natur des Menschen, dem sozialpsychologischen Konzept öffentlicher Meinung und der Weltliteratur darzustellen. Folgender Text von John Locke (1632-1704) macht jedoch vor dem Hintergrund der gerade dargestellten Befunde zur Bundestagswahl 1972 deutlich, wie ähnlich historische Beschreibungen und moderne Befunde der empirischen Sozialwissenschaft sein können:

„Unter zehntausend ist nicht einer so unbeugsam und so unempfindlich, als daß er die fortgesetzte Mißbilligung und Geringschätzung von seiten seiner eigenen Gesellschaft ertragen könnte. Es gehört eine eigenartige und ungewöhnliche Konstitution dazu, um sich mit der ständigen Geringschätzung und Mißachtung durch die Angehörigen seiner eigenen Gesellschaft abzufinden. Mancher hat die Einsamkeit gesucht und ist dabei zufrieden gewesen. Aber niemand, der noch einen Rest menschlichen Denkens und Fühlens in sich trägt, kann unter dem Druck einer beständigen Abneigung und Verachtung seitens seiner Verwandten und Bekannten in der Gesellschaft leben. Diese Last ist zu schwer, als daß ein Mensch sie ertragen könnte." (Locke, 1968: 448)

Frühe Rezeption und Konflikte

Medieneinfluss

Elisabeth Noelle-Neumann setzte in den 1970er und 1980er Jahren – gemeinsam mit ihrem Institut in Allensbach und anderen Wissenschaftlern – ihre Untersuchungen zur öffentlichen Meinung fort. Unter anderem rückte der Einfluss der Massenmedien in den Blickpunkt der Forschung. Medien können ein doppeltes Meinungsklima erzeugen: Menschen, die Massenmedien (vor allem das Fernsehen) intensiv nutzen, haben eine andere Vorstellung vom Meinungsklima, als Menschen, die die Medien kaum nutzen. Das spricht dafür, dass eine Funktion der Massenmedien in einem Schweigespiralprozess darin besteht, den Menschen Informationen darüber zu vermitteln, was die Mehrheit denkt (Noelle-Neumann, 2001: 241-245; Noelle-Neumann, 1980). Die Inhalte der Massenmedien werden von Journalisten gestaltet und so entstand die Vermutung, dass Journalisten einen erheblichen Einfluss auf das Meinungsklima und damit auf die öffentliche Meinung haben. Mit Hilfe von Journalistenbefragungen und Medieninhaltsanalysen[2]untersuchten Elisabeth Noelle-Neumann und Hans Mathias Kepplinger, wie Journalisten zu dem plötzlichen Wandel im Meinungsklima beitrugen, den Allensbach im Wahljahr 1976 beobachtet hatte (Noelle-Neumann, 2001: 228-240). So fand Noelle-Neumann bei einer Befragung unter Journalisten im Juli 1976 heraus, dass nur 10 Prozent der von ihr befragten Journalisten mit einem Sieg der Unionsparteien rechneten, aber 76 Prozent einen Sieg der SPD/FDP-Koalition erwarteten. Auch hegten 79 Prozent der befragten Journalisten eine Wahlabsicht für SPD oder FDP, während zur gleichen Zeit bei einer repräsentativen Bevölkerungsumfrage 50 Prozent diesen Parteien ihre Stimme geben wollten (Noelle-Neumann, 2001: 233). Kepplinger untersuchte gleichzeitig, wie das Fernsehen unter anderem durch die Bildgestaltung Politiker „optisch kommentiert" (Noelle-Neumann, 2001: 234-240; Kepplinger, 2010: 33-51). Nicht nur diese Untersuchungen riefen zum Teil heftige Kritik hervor, auch der Zeitpunkt der ersten Veröffentlichungen in Zeitungsartikeln in der Tageszeitung *Die Welt* wenige Tage vor der Wahl wurde Noelle-Neumann zum Vorwurf gemacht. Konkret monierten verschiedene Autoren, die sich mit den Untersuchungen zum Einfluss des Fernsehens auf das Wahlergebnis auseinandergesetzt hatten, folgende zentrale Punkte (Deisenberg, 1986: 53-57):

Kritik 1976

- Noelle-Neumann habe zu wenige Informationen über die Journalistenbefragung veröffentlicht.

---

2 Zur Methode der Inhaltsanalyse gibt es mehrere einführende Lehrbücher, z.B. Früh, 2007; Rössler, 2010.

- Die Zahl der befragten Journalisten sei mit n=100 zu klein gewesen für eine repräsentative Befragung; Noelle-Neumanns Argument, Journalisten seien eine sehr homogene Gruppe, sodass wenige Befragte ausreichend seien, sei unzureichend begründet.
- Die Zusammensetzung der Stichprobe wurde kritisiert: Es seien viel zu wenige Fernsehjournalisten in der ohnehin schon kleinen Stichprobe enthalten gewesen, um die Aussagen zu einem möglichen Einfluss des Fernsehens auf die Bundestagswahl von 1976 zu ermöglichen.
- Die Verhaltensrelevanz von Meinungen wurde angezweifelt, also die Kernüberlegung Noelle-Neumanns, dass sich Menschen in ihrem Wahlverhalten von Meinungen (anderer) leiten lassen.

Missverständnisse

Der letzte Punkt illustriert sehr gut die Probleme, die Wissenschaftler, nicht nur in Deutschland, vor allem in den Anfangsjahren mit der Theorie der Schweigespirale und den Implikationen für die Medienwirkungsforschung hatten. Das liegt einerseits daran, dass die Theorie der öffentlichen Meinung sehr komplex ist und viele Bereiche der sozialen Wirklichkeit abzudecken versucht. Andererseits hat Noelle-Neumann in ihren frühen Veröffentlichungen nicht immer genau erklärt, wie die Begriffe und Verknüpfungen innerhalb der Theorie genau zu verstehen sind. Ein Beispiel ist der „harte Kern“. Dabei handelt es sich Noelle-Neumanns Buch zufolge um jene „Minderheit, die am Ende eines Prozesses der Schweigespirale übrigbleibt, die allen Isolationsdrohungen die Stirn bietet“ (Noelle-Neumann, 2001:248). Dabei können sich die Mitglieder des harten Kerns aus der Öffentlichkeit zurückziehen, sich aber andererseits auch als ‚Avantgarde‘ fühlen und unbeirrt von den Isolationsdrohungen der Gesellschaft zu ihren Meinungen bekennen. Bei ihren Studien zur Meinung über Franz Josef Strauß (einen zu Lebzeiten recht umstrittenen CSU-Politiker, vgl. auch Kouskoutis, 2007) fand Noelle-Neumann, dass die Minderheit der Strauß-Befürworter eher bereit war, sich öffentlich über dieses Thema zu unterhalten, als die Mehrheit der Strauß-Gegner (Noelle-Neumann, 2001: 247 f.). Genaue Angaben, wann ein harter Kern entsteht, wie viele Anhänger er üblicherweise hat, und wie das Phänomen von einer Widerlegung der Schweigespirale (redebereite Minderheit!) zu unterscheiden sei, machte Noelle-Neumann zunächst nicht. In der Folge zeigten sich in Arbeiten anderer Wissenschaftler Missverständnisse hinsichtlich dessen, was unter einem harten Kern zu verstehen sei. Die US-amerikanischen Wissenschaftler Carroll Glynn und Jack McLeod wollten den harten Kern 1984 näher untersuchen. Sie analysierten mit Hilfe einer Panelbefragung (die gleichen Personen werden mehrfach befragt) Meinungsänderungen im amerikanischen Wahlkampf des Jahres 1980. Dabei verstanden sie den harten Kern aber nicht als den unbeugsamen Rest, der am Ende einer Schweigespirale übrig bleibt. Sie betrachteten vielmehr all jene, die vor der Wahl gesagt hatten, sie seien sicher, wen sie wählen würden, und die nach der Wahl angaben, das auch getan zu haben als harten Kern (Glynn & McLeod, 1984). Der harte Kern wurde also missverstanden als jene Gruppe, die sich ihrer Meinung besonders sicher ist.

Gleichfalls für Missverständnisse sorgte Noelle-Neumanns Vorstellung von der Wahrnehmung des Meinungsklimas als Antrieb der Schweigespirale. Manche Autoren konnten sich nur schwer vorstellen, dass normale Menschen in der Lage sein sollten, Meinungsverteilungen in einer Gesellschaft korrekt wahrzunehmen und das auch noch größtenteils unbewusst und unter dem Einfluss der Massenmedien. So fragte Weyma Lübbe 1991: „Sind wir alle Demoskopen?“ (Lübbe, 1991: 104). Die Autorin zweifelt am Sinn der Frage nach dem Meinungsklima, da die Mehrheitsverhältnisse ja bereits durch Fragen nach der eigenen Meinung klar seien und stets einige Befragte mit ihrer Einschätzung richtig lägen, andere falsch und einige nichts dazu zu sagen hätten (Lübbe, 1991: 106). Das Missverständnis liegt hier darin, dass es bei einer Schweigespirale gar nicht darauf ankommt, dass die Menschen das Meinungsklima *korrekt* einschätzen. Es ist ja gerade eines der Kennzeichen der Schweigespirale, dass lautstark redebereite Gruppen (gegebenenfalls mit Unterstützung der Massenmedien) stärker erscheinen können, als sie in Wirklichkeit sind – und letztlich als Sieger aus einer Schweigespirale hervorgehen. Es war ja schon 1965 so, dass die Erwartung, wer die Wahl gewinnt (das Meinungsklima) sich unabhängig vom Kopf-an-Kopf-Rennen der Parteien entwickelte (s. oben, Abb. 1). Es ist also gar nicht nötig, dass ‚wir alle Demoskopen‘ sind (s. a. Noelle-Neumann, 1991 a).

Noelle-Neumanns Präzisierungen

Elisabeth Noelle-Neumann reagierte auf die Kritik und die Unklarheiten, indem sie in weiteren Veröffentlichungen Missverständnisse klarstellte (z.B. Noelle-Neumann, 1985) und neue Befunde vorstellte (z.B. Noelle-Neumann, 1989). Auch ihre wichtigste deutschsprachige Veröffentlichung, das Buch über die Schweigespirale, wurde immer wieder erweitert. Während der Kern des Buches bei Neuauflagen unverändert so gedruckt wird wie 1980, werden Vorwort und Anhänge immer wieder ergänzt und verändert. In einem neuen Kapitel „Manifeste und latente Funktion öffentlicher Meinung: Eine Zusammenfassung“ setzt sich die Autorin mit konkurrierenden Begriffen von öffentlicher Meinung auseinander, vor allem dem Elitekonzept (s. Kap 6 dieses Buches).

Die Ausgabe von 1996 enthält ein sogenanntes „lexikalisches Stichwort“, eine Art Sammlung häufig gestellter Fragen und Antworten.[3] 2001 wurde ein Nachtrag hinzugefügt, der sich mit dem Problem beschäftigt, dass öffentliche Meinung, also das, was man öffentlich sagen und zeigen kann, ohne andere zu verärgern, von Zeit und Raum abhängt. Später veröffentlichte Noelle-Neumann, zum Teil gemeinsam mit anderen, noch einige ergänzende und die neuen Erkenntnisse zusammenfassende Beiträge, beispielsweise Noelle-Neumann und Petersen (2004). Diese Veröffentlichungen lösen das Problem jedoch nicht, dass Forscher, die die Schweigespirale näher untersuchen wollen, eine Vielzahl von Details berücksichtigen müssen, die an vielen verschiedenen Stellen veröffentlicht wurden, um Noelle-Neumanns Hypothesen korrekt anwenden zu können.

Internationale Forschung

Trotz der Komplexität der Theorie und der Herausforderung, sie richtig für eigene Studien zu verwenden, interessierten sich seit den 1990er Jahren viele Wissenschaftler in aller Welt für Noelle-Neumanns Theorie der öffentlichen Meinung, und speziell für den Teil der Theorie, der Schweigespirale (englisch: Spiral of Silence) genannt wird. Einige Forscher, wie Carroll J. Glynn, Dietram Scheufele und Andrew F. Hayes aus den USA oder Jacob Shamir aus Israel widmeten über Jahre hinweg mehrere Studien der Erforschung der Schweigespirale in den jeweiligen lokalen und politischen Kontexten.[4] In Abschnitt 4 dieses Buches werden einige der interessantesten Arbeiten näher vorgestellt. Durch die langjährige Beschäftigung vieler Forscher mit der Theorie unter den unterschiedlichsten Bedingungen veränderten sich jedoch die Grundannahmen, die Datenerhebungs- und Analysemethoden gegenüber den ursprünglichen Vorstellungen Noelle-Neumanns. Speziell in den USA findet man in den letzten Jahren vermehrt Untersuchungen, die die alte Vorstellung von Meinungslagern, die in einer moralisch aufgeheizten Atmosphäre um die öffentliche Meinung kämpfen, eher ausblenden. Stattdessen wenden sich diese Studien mit Hilfe komplexer und mächtiger statistischer Verfahren eher direkt der Frage zu, was das Reden und Schweigen von Individuen in der Öffentlichkeit bestimmt (z.B. Hayes, Glynn, & Shanahan, 2005 a; 2005 b).

3 Das lexikalische Stichwort wurde von Anne Niedermann verfasst.

4 Eine detaillierte Darstellung der Forschungsarbeiten bis 2006 findet sich bei Roessing (2009).

Akteure

Elisabeth Noelle-Neumann

Elisabeth Noelle wurde 1916 in Berlin geboren. Nachdem sie unter anderem die Schule in Salem am Bodensee besucht hatte, legte sie 1935 ihr Abitur in Göttingen ab. Anschließend studierte sie in Berlin Geschichte und Zeitungswissenschaften. Ihr Doktorvater wurde Emil Dovifat, einer der Begründer der Zeitungswissenschaft in Deutschland.

Ab 1937 studierte Elisabeth Noelle in den USA, an der University of Missouri in Columbia. Im Jahr 1938 unternahm sie eine Weltreise nach Japan, Korea, China, Manila, Sumatra, Ceylon (heute: Sri Lanka) und Ägypten. Nachdem sie ihr Studium abgeschlossen hatte, begann sie zunächst ein Volontariat bei der Deutschen Allgemeinen Zeitung und wurde später Redakteurin bei der Wochenzeitung „Das Reich". Der „Reichsminister für Volksaufklärung und Propaganda" des nationalsozialistischen Regimes in Deutschland, Joseph Goebbels, bot ihr 1942 an, seine Adjutantin zu werden – Elisabeth Noelle wurde krank und trat diesen Posten nie an (Kepplinger, 2010 a).

Zusammen mit ihrem Ehemann Erich Peter Neumann gründete sie 1947 das Institut für Demoskopie in Allensbach und trug damit zum Re-Import der quantitativen Sozialforschung nach Deutschland bei, die sich in den Jahrzehnten zuvor vor allem in den USA entwickelt hatte (Oberschall, 1997). 1964 wurde Noelle-Neumann Professorin für Publizistikwissenschaft an der Johannes Gutenberg-Universität in Mainz und gründete dort das Institut für Publizistik (Wilke, 2005), an dem später auch ihre Schüler Jürgen Wilke und Hans Mathias Kepplinger lehrten. Elisabeth Noelle-Neumann war zwischen 1978 und 1991 mehrmals Gastprofessorin an der University of Chicago und 1993 und 1994 Eric-Voegelin-Gastprofessorin an der LMU in München (Kepplinger, 2010 a: 585).

Erich Peter Neumann starb 1973; Noelle-Neumann heiratete später den Physikprofessor Heinz Maier-Leibnitz und trug wegen eines Versehens auf dem Standesamt fortan offiziell den eigentlich nicht zulässigen Vierfach-Namen Elisabeth Noelle-Neumann-Maier-Leibnitz. Nach dem Tod ihres zweiten Mannes im Jahr 2000 nahm sie ihren Mädchennamen Elisabeth Noelle wieder an, publizierte jedoch weiter unter dem Namen Noelle-Neumann.

Konflikte

Aus unterschiedlichen Gründen sah sich Elisabeth Noelle-Neumann immer wieder im Zentrum von Konflikten. Nach dem Krieg wurde ihr und dem von ihr geleiteten Institut eine Nähe zu den Unionsparteien vorgeworfen. Andere Kritiker konzentrierten sich auf Noelle-Neumanns Leben während der Zeit des Nationalsozialismus. Immerhin hatte Joseph Goebbels, Propagandaminister des NS-Regimes, Elisabeth Noelle als Adjutantin einstellen wollen. Im Jahr 1991 warf ihr der US-amerikanische Professor Leo Bogart in einem Beitrag für die Zeitschrift *Commentary* geistige Nähe zum Nationalsozialismus und antisemitische und antidemokratische Passagen ihrer Dissertation und aus einem Artikel, der in „Das Reich" erschienen war vor (Bogart, 1991). Dabei äußerte er auch die Vermutung, dass Noelle-Neumanns Theorie der Schweigespirale zumindest von nationalsozialistischen Vorstellungen inspiriert sei (Bogart, 1991: 48). Dieser Gedanke wurde 1996 von Christopher Simpson wieder aufgenommen, der explizit sagt, seiner Meinung nach enthülle die Theorie der Schweigespirale mehr über Noelle-Neumann und ihre Zeit sowie die Grundlagen ihrer veröffentlichten Gedanken, als über öffentliche Meinung.[5]

Noelle-Neumann reagierte auf die Kritik mit einigen Vorträgen und Publikationen, mit denen sie ihre Arbeit während des Nationalsozialismus zu erklären und zu rechtfertigen versuchte (Noelle-Neumann, 1999). Wissenschaftlichen Widerspruch gegen die Thesen Simpsons legte außerdem Hans Mathias Kepplinger ein, der 1997 – wie Simpsons Text – in der Fachzeitschrift Journal of Communication eine Antwort veröffentlichte (Kepplinger, 1997).

Ähnlich wie Noelle-Neumanns Ergänzungen und Erläuterungen zu ihrer wissenschaftlichen Arbeit Kritiker und Skeptiker nur zum Teil überzeugen konnten, stellten auch ihre Einlassungen zu ihrer Arbeit während der Nazizeit viele ihrer Gegner nicht zufrieden.

Trotzdem setzte Noelle-Neumann ihre wissenschaftliche und publizistische Arbeit bis ins hohe Alter fort. Sie starb am 25. März 2010 im Alter von 93 Jahren in Allensbach am Bodensee.

Anekdoten

Elisabeth Noelle-Neumann hat nie ein Hehl daraus gemacht, dass sie sich für übernatürliche Phänomene und Engel interessierte. So berichtete sie wiederholt, 1964 durch eine geheimnisvolle Schrift auf der Wand ihres Hotelzimmers in Berlin auf das Thema „Öffentliche Meinung und soziale Kontrolle" aufmerksam gemacht worden zu sein (Noelle-Neumann, 2006: 246). Später berichtete sie in einer Fernsehsendung ausführlich über die Magie ihrer Lieblingszahl 19 und ihren Glauben an Wiedergeburt. Für eine Wissenschaftlerin, die üblicherweise mit Prozentzahlen und mathematischen Analysen assoziiert wird, sind das erstaunliche Bekenntnisse.

5 "[...] the spiral-of-silence theory reveals, I believe, considerably more about Elisabeth Noelle-Neumann, her times, and the origins of her published ideas than it does about public opinion as such." (Simpson, 1996: 151)

3. Forschungslogik der Schweigespiralforschung

Der größte Teil der veröffentlichten Studien zur Schweigespirale beschäftigt sich mit empirischen Daten, also Befragungen, Inhaltsanalysen von Massenmedien und sozialwissenschaftlichen Experimenten. Anders als bei anderen sozialwissenschaftlichen Theorien kommt bei der Forschung zur Schweigespirale ein zusätzlicher Aspekt hinzu: Für die Entwicklung und Weiterentwicklung der Theorie und zur Bestimmung wichtiger Begriffe wurden und werden immer wieder Literaturstudien angefertigt. Im Folgenden wird zunächst kurz auf diese Untersuchungen und ihren Wert für die Erforschung der Schweigespirale eingegangen. Der dann folgende Abschnitt stellt ausführlich vor, wie sich mit Hilfe der Umfrageforschung, der Medieninhaltsanalyse und des sozialwissenschaftlichen Experiments Grundlagenforschung zur Schweigespirale betreiben lässt.

Literaturstudien: Öffentliche Meinung in Literatur, Geschichte und Philosophie

Literaturstudien

Elisabeth Noelle-Neumann stützte sich bei der Ausarbeitung der Theorie der öffentlichen Meinung nicht nur auf Umfragedaten, sondern auch auf Zitate und Beschreibungen aus Literatur, Philosophie und Geschichte. Das wichtige Zitat von Locke, dass ‚nicht einer unter zehntausend' Menschen Isolation ertragen könnte, wurde im vorangegangenen Kapitel ja bereits angeführt. In ihren Buchveröffentlichungen zur Schweigespirale stützte Noelle-Neumann sich unter anderem auf den italienischen Denker Niccolò Machiavelli, auf William Shakespeare, den englischen Dramatiker, den Philosophen René Descartes, sowie die Theoretiker Jean-Jaques Rousseau und Alexis de Tocqueville (Noelle-Neumann, 2001). Der größte Teil der Untersuchungen zur sozialen Natur des Menschen und zur Verwendung des Begriffs öffentliche Meinung wurde seit Ende der 1970er Jahre von Studierenden am Institut für Publizistik der Johannes Gutenberg-Universität Mainz erarbeitet. In mehreren hundert Seminararbeiten, dutzenden Magisterarbeiten und einigen Dissertationen sowie einer Habilitationsschrift wurden einerseits das Verständnis von öffentlicher Meinung bei einzelnen Autoren, andererseits die Behandlung von Begriffen und Phänomenen über mehrere Autoren und Epochen hinweg untersucht (Lamp, 2005). Beispielsweise untersuchte Erich Lamp in seiner Dissertation die Behandlung der öffentlichen Meinung im Alten Testament. Thomas Roessing untersuchte in seiner Magisterarbeit die Darstellung der sozialen Natur des Menschen im I Ging, einem über 3000 Jahre alten philosophischen Werk des Alten China (Roessing, 2007). Einen umfassenden Ansatz, der mehrere Epochen und unzählige Autoren behandelt, wählte José Carlos del Ama in seiner Dissertation über die Ehre (del Ama, 2001). Simone Schinz hingegen konzentrierte sich auf Sitte, Moral, Anstand und öffentliche Meinung im England des 18. Jahrhunderts (Schinz, 2004). Alle diese Literaturstudien sind freilich keine Beweise dafür, dass die soziale Natur des Menschen in einer bestimmten Weise funktioniere oder dass Noelle-Neumanns Gebrauch des Begriffes öffentliche Meinung der einzig richtige sei. Das liegt daran, dass das Verständnis und die Interpretation von Texten stets subjektiv sind und immer wieder in Frage gestellt und neu ausgelegt werden können („hermeneutischer Zirkel", Taylor, 1975). Die Studien aus Literatur, Geschichte und Philosophie tragen jedoch wesentlich dazu bei, die Theorie der öffentlichen Meinung und das wissenschaftliche Verständnis der Schweigespirale weiterzuentwickeln. Gemeinsamkeiten und Unterschiede zwischen unterschiedlichen Epochen der Weltgeschichte und unterschiedlichen Gegenden der Erde lassen sich sichtbar machen (Roessing, 2007; Roessing, 2009: 271). Die Befunde lassen sich zum Teil direkt auch für die empirische Forschung nutzen. So macht es die besondere Mentalität der Menschen in Teilen Asiens (Weggel, 1997) nötig, spezielle Fragen für die Messung des Meinungsklimas zu entwickeln: Der Buhtest, die Frage, mit welcher Meinung man wohl ausgebuht werde, funktioniert in Japan nicht, weil Ausbuhen dort völlig unüblich ist. Stattdessen wird dort gefragt, welche Meinung jemandem wohl kritisches Getuschel hinter dem Rücken einbringt (Noelle-Neumann, 2001: 302-303).

Empirische Sozialwissenschaft

Logik der empirischen Sozialforschung

Die empirische Sozialforschung ist in der Lage Aussagen über die Wirklichkeit – beispielsweise Noelle-Neumanns Annahmen über Isolationsfurcht und die Schweigespirale – harten Tests zu unterziehen. Empirische Sozialforschung bedeutet dabei, dass die Wirklichkeit einer systematischen und intersubjektiv nachvollziehbaren Beobachtung unterworfen wird. ‚Intersubjektiv nachvollziehbar' heißt, dass „jeder, der die Technik des betreffenden Gebietes beherrscht" (Popper, 2005: 75) eine Untersuchung wiederholen und überprüfen kann. Eine solche Untersuchung muss also so angelegt werden, dass unterschiedliche Wissenschaftler mit denselben Methoden zum gleichen Ergebnis kommen. Eine Annahme gilt als ‚unterstützt', wenn eine oder möglichst mehrere empirische Studien zeigen, dass die Annahme stimmt. Freilich gilt diese Unterstützung nicht für immer: Es kann jederzeit sein, dass jemand eine bessere Annahme vorlegt oder eine Forschungsmethode erfindet, mit der die Annahme letztlich doch als falsch nachgewiesen werden kann. Das ist das bekannte Falsifikationsprinzip, das der österreichische Philosoph Karl Popper (1902-1994) in seinem Buch ‚Logik der Forschung' (Popper, 2005) entwickelt hat und das heute die Grundlage der meisten empirischen Wissenschaften ist. In den Sozialwissenschaften ist es allerdings wesentlich schwieriger, als beispielsweise in der Chemie, eine Annahme sicher zu unterstützen – oder endgültig zu falsifizieren: Die soziale Wirklichkeit ist äußerst komplex und verändert sich ständig. Eine Hypothese, die auf eine bestimmte Bundestagswahl zutrifft, kann bei der nächsten Bundestagswahl völlig falsch sein (Roessing, 2007 b). Deshalb ist es in den Sozialwissenschaften üblich eine Theorie nicht gleich über Bord zu werfen, wenn einzelne Befunde auftauchen, die nicht zur Theorie passen. Wissenschaftler überprüfen dann zunächst die verwendeten Methoden. Wie oben erwähnt, kann es ja sein, dass eine Umfrage eine Frage enthielt, die die Menschen in einer bestimmten Gegend nicht verstehen. Bei einer Medieninhaltsanalyse wurden vielleicht Fehler bei der Stichprobenziehung gemacht, oder bei einem Experiment eine falsche Untersuchungsanlage gewählt.

Methodologie der Forschungsprogramme

Wenn sich dauerhaft Probleme mit einer Theorie oder einzelnen Annahmen einer Theorie ergeben, wird versucht, die Theorie zu verbessern und zu präzisieren, anstatt sie komplett zu ersetzen. Diese Vorgehensweise wurde vom ungarischen Erkenntnistheoretiker Imre Lakatos als „Methodologie der Forschungsprogramme" bezeichnet. Das Konzept baut auf Poppers Überlegungen auf und ergänzt sie für die besonderen Bedingungen in den Sozialwissenschaften (Lakataos, 1974). Für die Theorie der Schweigespirale ist beispielsweise die Einschränkung, dass Schweigespiralen nur in ‚moralisch geladenen' Bereichen auftreten können, auch darauf zurückzuführen, dass sich bei emotionslosen Konflikten grundsätzlich keine Schweigespirale zeigt. Das Fehlen einer Schweigespirale bei gesellschaftlichen Konflikten ist also nicht immer ein Befund gegen Noelle-Neumanns Annahmen, sondern nur in den Grenzen der im Laufe der Zeit immer besser ausgearbeiteten Theorie (Roessing, 2009: 41-44; 77-116; 272-274): Nur wenn die Voraussetzungen für eine Schweigespirale vorliegen und empirisch nachgewiesen sind, schwächt das Fehlen einer Schweigespirale Noelle-Neumanns Theorie.

Methoden

Die wichtigsten Methoden für die empirische Forschung zur Schweigespirale sind die Befragung, die Inhaltsanalyse und das sozialwissenschaftliche Experiment. Es würde den Rahmen dieses Buches sprengen, diese Methoden vollständig und ausführlich zu erklären. Dafür gibt es sehr gute Spezialliteratur.[6] Vielmehr wird im Folgenden erklärt, welche Daten für die Erforschung der Schweigespirale erhoben werden müssen und wie man die genannten Methoden dafür richtig anwendet.

Meinungsklima

Begriffe

Meinungsklima ist die wahrgenommene Verteilung unterschiedlicher Meinungen in der Öffentlichkeit. Was Menschen als Meinungsklima wahrnehmen, hängt zunächst von zwei Faktoren ab: Erstens von der tatsächlichen Verteilung, z.B. ‚40 Prozent dafür, 25 Prozent dagegen, 35 Prozent unentschieden' und zweitens von der Aktivität, der Bekenntnisbereitschaft, der Lautstärke der Lager. Wenn die 25 Prozent, die ‚dagegen' sind, sich in Öffentlichkeit und Medien engagiert und lautstark äußern, können sie das Meinungsklima beherrschen, ohne tatsächlich in der Mehrheit zu sein. Die Meinungsklimawahrnehmung wird außerdem – auch unabhängig von der Schweigespirale – von zahlreichen weiteren Faktoren beeinflusst, einige davon sind in Kapitel 6 dieses Buches erläutert.

Meinungsklima messen

Die erste wichtige Variable, die bekannt sein muss, wenn eine Schweigespirale identifiziert und erforscht werden soll, ist das Meinungsklima in der Bevölkerung. Das Meinungsklima ist die Antwort auf die Frage ‚Welche Meinung ist vorherrschend?' oder ‚Welche Seite wird sich durchsetzen?'. Es ist nicht zu verwechseln mit der tatsächlichen Meinungsverteilung in der Bevölkerung. Auch eine tatsächliche Minderheit kann als Mehrheit wahrgenommen werden. In der Wissenschaft werden unterschiedliche Fragemodelle verwendet, um das Meinungsklima in Umfragen zu erheben. Elisabeth Noelle-Neumann verwendete üblicherweise eine der folgenden Fragen:

Verfahren

„Wissen kann das natürlich niemand, aber was glauben Sie, wer die kommende Bundestagswahl gewinnt, wer die meisten Stimmen bekommt: die CDU/CSU oder die SPD/F. D. P.?" (Noelle-Neumann, 2001: 231)

„Jetzt einmal abgesehen von ihrer eigenen Meinung: was glauben Sie: sind die meisten Leute in der Bundesrepublik für oder gegen die Anerkennung der DDR?" (Noelle-Neumann, 2001: 24)

6 Beispielsweise: Überblick: Schnell/Hill/Esser 2008; Umfrageforschung: Noelle-Neumann & Petersen 2005 a; Schumann 2006; Inhaltsanalyse: Rössler 2010; Früh 2007; Experiment: Huber 2009.

„Was meinen Sie, wie es weitergeht, wie die Ansichten in einem Jahr sein werden: Werden dann mehr Leute als heute oder weniger Leute als heute für die Anerkennung der DDR als zweiten deutschen Staat sein?“ (Noelle-Neumann, 2001: 25)

Bei diesen Fragen geht es zunächst nicht darum, herauszufinden, ob ein Befragter seine eigene Meinung im Einklang mit der Meinung der meisten sieht. Es sollte vielmehr festgestellt werden, ob ein komplettes Meinungslager von den meisten als Gewinner oder Verlierer betrachtet wird. Für diesen Zweck wurden weitere Fragemodelle entwickelt, die zum Teil mit ausgeklügelten Indikatorfragen arbeiten. Indikatorfragen sind Fragen, bei denen nicht direkt nach einer Meinung oder einem Sachverhalt gefragt wird, sondern nach etwas ganz anderen, das aber Rückschlüsse auf die eigentlich interessanten Informationen zulässt (Noelle-Neumann & Petersen, 2005: 115). Bei einer dieser Fragen wird ein Bildblatt verwendet, das ein Automobil mit einem zerstochenen Hinterreifen zeigt. Die Frage dazu ist:

> *„Hier ist ein Auto abgebildet, an dem ein Reifen aufgeschnitten wurde. Hinten auf der Heckseite ist ein Aufkleber für eine Partei, aber man kann nicht mehr lesen, welche Partei auf dem Aufkleber stand – aber was vermuten sie: bei Aufklebern für welche Partei ist die Gefahr am größten, daß Reifen zerschnitten werden, bei welcher Partei?“ (Noelle-Neumann, 2001: 79).*

Meinungsklimadruck messen soll auch die als *Buhtest* bekanntgewordene Allensbacher Frage:

> *„Ich möchte Ihnen nun einen Vorfall erzählen, der sich bei einer großen öffentlichen Diskussion über Gentechnik ereignet hat. Zwei Hauptredner waren zu hören: Der eine sprach sich dafür aus, die Gentechnik in Deutschland zu fördern, der andere sprach sich dagegen aus. Einer der beiden Redner wurde vom Publikum ausgebuht. Was meinen Sie, welcher von beiden wurde ausgebuht: derjenige, der für die Förderung sprach, oder derjenige, der dagegen war?“ (Noelle-Neumann & Petersen, 2005 a: 145)*

Wenn hier die meisten vermuten, dass der Befürworter der Gentechnik ausgebuht wurde, ist das ein deutliches Zeichen dafür, dass Befürworter der Gentechnik das Meinungsklima gegen sich haben oder als Verlierer wahrgenommen werden.

Im nächsten Schritt prüfte Noelle-Neumann dann, ob die Anhänger dieses Meinungslagers weniger bereit waren über ihr Anliegen öffentlich zu sprechen als die Anhänger des als Gewinner wahrgenommenen Meinungslagers (zur Messung der Redebereitschaft s. weiter unten).

Meinungsklima 1972

Tabelle 1 zeigt ein Beispiel für den Fall, dass Meinungsklima und tatsächliche Meinungsverteilung übereinstimmen. Im Mai 1972 – in dem bereits erwähnten ‚melodramatischen' Wahljahr, als Willy Brandt und seine Ostpolitik zur Wahl standen – glaubten 51 Prozent der von Allensbach befragten, die meisten seien für die ‚Ostverträge' Willy Brandts, nur acht Prozent glaubten, die meisten seien dagegen. 27 Prozent der Befragten vermuteten, es stehe unentschieden und 14 Prozent wussten auf die Frage der Interviewer keine Antwort (Noelle-Neumann, 2001: 40-41). Bei der Analyse der Befragung zeigte sich, dass die wahrgenommene und tatsächliche Minderheit weniger bereit war, sich in der Öffentlichkeit über Willy Brandt zu unterhalten, als die vom Meinungsklima gestützte, faktische Mehrheit. Um die Redebereitschaft zu messen wurde der sogenannte *Eisenbahntest* verwendet, der im nächsten Abschnitt dieses Buches noch eingehender besprochen wird:

Verfahren

„Angenommen, Sie haben eine fünfstündige Eisenbahnfahrt vor sich und jemand in ihrem Abteil fängt an ganz *für* (in jedem zweiten Interview: ganz *gegen*) Bundeskanzler Brandt zu reden. Würden Sie sich gern mit diesem Menschen unterhalten, um seinen Standpunkt näher kennenzulernen, oder würden Sie da keinen großen Wert darauf legen?" (Noelle-Neumann, 2001: 41).

Tabelle 1: Meinungsklima und Redebereitschaft über Willy Brandt im Mai 1972

	Mehrheit: Personen, die mit Brandt einverstanden sind (n=1011) %	Minderheit: Personen, die mit Brandt nicht einverstanden sind (n=502) %
Es würden sich gern mit dem Mitreisenden unterhalten	50	35
Keinen Wert darauf legen	42	56
Unentschieden	8	9
Summe	100	100

(Quelle: Nach Noelle-Neumann, 2001: 41; s. auch Roessing, 2009: 143.)

Prozentmethode

Bei Wissenschaftlern anderer Forschungseinrichtungen, speziell im Ausland, war eine andere Frage zur Erhebung des Meinungsklimas sehr populär, die sogenannte Prozentmethode. Die Interviewer fragen dabei die Befragten, was sie vermuten wie viel Prozent der Bevölkerung wohl für oder gegen eine Partei, eine Person oder ein politisches Vorhaben seien. Mit der konkreten Zahlenangabe sind komplexere statistische Analysen möglich als mit der bloßen Information über vermutete Mehrheit oder vermutete Minderheit. Elisabeth Noelle-Neumann lehnte diese Frage vehement ab (auch wenn das in keiner ihrer Veröffentlichungen dokumentiert ist). Sie hatte im Jahr 1979 in einer Befragung über Franz-Josef Strauß selbst damit experimentiert und einen sehr hohen Anteil an ‚keine Angabe/unmöglich zu sagen' erhalten. Die einfachere Frage nach vermuteter Mehrheit oder Minderheit erzeugte nicht so viele Antwortausfälle (Roessing, 2009: 132). Außerdem hatten einige Wissenschaftler die Ergebnisse der Prozentmethode einer sehr rationalen Interpretation der Schweigespirale zugrunde gelegt: Die Sozialwissenschaftler Dieter Fuchs, Jürgen Gerhards und Friedhelm Neidhardt hatten für eine Untersuchung zur Schweigespirale mit der Prozentmethode das Meinungsklima gemessen, ihrer Analyse dann jedoch folgende Zusatzannahme zugrunde gelegt:

„Wir gehen davon aus, daß im Alltagsverständnis der Befragten die Schwellenwerte im Sinne einer eindeutigen Mehrheit bzw. Minderheit bei 2/3 bzw. bei 1/3 liegen. Dementsprechend unterstellen wir, daß die Befragten dann eine Mehrheit *zugunsten* des Standpunktes, daß die Bundesregierung alle Asylanten sofort wieder in ihre Heimatländer zurückschicken sollte, wahrnehmen, wenn sie angeben, daß mehr als 66% der Bevölkerung diesen Standpunkt vertritt. Diejenigen, die angeben, daß weniger als 33% der Bevölkerung dieser Auffassung sind, perzipieren eine Mehrheit *gegen* den Standpunkt, und diejenigen, die einen Prozentsatz zwischen 33% und 66% angaben, nehmen nach unserer Operationalisierung keine eindeutige Mehrheit für oder gegen den Standpunkt wahr." (Fuchs, Gerhards, & Neidhardt, 1992: 288).

Eine derartige Berechnung wird von der Theorie der Schweigespirale nicht unterstützt. Schweigespiralen werden von Emotionen angetrieben, von der Furcht in der Minderheit zu sein und öffentlich von anderen gemieden zu werden. Diese Furcht wird jedoch gefühlt, nicht berechnet. Nichts deutet darauf hin, dass Menschen plötzlich in Schweigen verfallen, wenn ihre Meinungsklimawahrnehmung von ‚gefühlten' 34 Prozent auf gefühlte 33 Prozent fällt. Dementsprechend unzufrieden war Noelle-Neumann mit dem Test der Schweigespirale, den die drei Wissenschaftler durchgeführt hatten und antwortete ihnen mit einer Replik in derselben Zeitschrift (Noelle-Neumann, 1992).

Unabhängig von der zu rationalistischen Interpretation der Schweigespirale durch Fuchs, Gerhards und Neidhardt ist letztlich nicht viel gegen die Prozentmethode einzuwenden, wenn man darauf achtet, dass nicht zu viele Befragte die Antwort verweigern und die Ergebnisse nicht in einer Weise interpretiert, die von der sozialpsychologischen Theorie der öffentlichen Meinung nicht gestützt wird (Roessing, 2009: 132-135). Die Frage nach Prozentwerten entspricht einer Messung auf einer hundertteiligen Skala, was zu Häufungen der Antworten auf den vollen 10er-Punkten führen kann, weil die Befragten keine genaueren Angaben machen können (Brosius, Koschel, & Haas, 2009: 56). Im Übrigen ist die Prozentmethode jedoch eine von mehreren in den Sozialwissenschaften üblichen Messmethoden.

Redebereitschaft

Reden in der Öffentlichkeit

Für die klassischen Untersuchungen zur Schweigespirale vergleichen die Wissenschaftler die Redebereitschaft verschiedener Meinungslager miteinander. Wenn das Meinungslager, das das Meinungsklima gegen sich hat, weniger bereit ist, in der Öffentlichkeit über seinen Standpunkt zu reden, liegt eine Schweigespirale vor: Die Menschen mit der einen Meinung schweigen, die anderen reden; für erstere wird das Meinungsklima schlechter, für letztere besser. Durch diese Veränderung des Meinungsklimas fangen immer mehr Menschen zu reden an oder verfallen in Schweigen. Aber was heißt eigentlich ‚in der Öffentlichkeit reden'? Im Sinne der Schweigespirale ist mit Öffentlichkeit gemeint, dass fremde Menschen eine Meinungsäußerung wahrnehmen – und bei Nichtgefallen mit sozialer Isolation drohen können. Für die Schweigespirale kommt es nicht darauf an, ob jemand bereit ist mit Freunden oder Familienangehörigen über ein heikles Thema zu sprechen.[7] Es kommt darauf an, ob jemand bereit ist, ‚coram publico' zu seiner Meinung zu stehen (Noelle-Neumann, 2001: 114). Das muss keine umfassende, große Öffentlichkeit sein, beispielsweise im Fernsehen. Ein Gespräch in einem öffentlichen Verkehrsmittel, wo fremde Menschen die eigene Meinung wahrnehmen können, ist bereits ausreichend.

Mit ‚Reden' sind darüber hinaus auch nonverbale Meinungsäußerungen gemeint. Ein T-Shirt, auf dem ‚Hopp, Hopp, Hopp – Atomraketen Stopp!' steht, oder ein Aufkleber auf dem Auto, der Werbung für eine

7 Solche Gespräche im Freundes- oder Familienkreis können freilich andere Wirkungen auf die Meinungsbildung haben, die jedoch nicht direkt mit der Schweigespirale zu tun haben.

Partei macht, fallen im Sinne der Theorie der Schweigespirale ebenfalls unter ‚Redebereitschaft' (Noelle-Neumann, 2001: 134).

Eisenbahntest

Wenn eine Umfrage die Redebereitschaft der Menschen messen soll, müssen sich die Wissenschaftler besondere Mühe beim Formulieren der Fragen geben. Man kann ja nicht einfach fragen ‚Wie redebereit sind Sie?' oder ‚Verspüren Sie in der Öffentlichkeit Redebereitschaft, oder würden Sie das eher nicht sagen?'. Die meisten Befragten würden darauf mit Unverständnis reagieren oder eine Antwort geben, die nichts mit dem zu tun hat, was die Forscher wissen möchten. Es ist vielmehr nötig, den Befragten eine typische Situation öffentlicher Kommunikation vor Augen zu führen, die sie sich lebhaft vorstellen können. Wenn eine Person dann gefragt wird, ob sie sich in dieser öffentlichen Situation zu seiner Meinung bekennen würde oder nicht, sind Ergebnisse zu erwarten, die Auskunft über eine eventuell vorliegende Schweigespirale geben. Elisabeth Noelle-Neumann entwickelte in Allensbach zu diesem Zweck den sogenannten Eisenbahntest, der im vorangegangenen Kapitel ja bereits erwähnt wurde. Seine typische Formulierung lautet:

„Angenommen, Sie haben eine fünfstündige Eisenbahnfahrt vor sich und jemand in ihrem Abteil fängt an ganz *für* (in jedem zweiten Interview: ganz *gegen*) [Gegenstand der Untersuchung] zu reden. Würden Sie sich gern mit diesem Menschen unterhalten, um seinen Standpunkt näher kennenzulernen, oder würden Sie da keinen großen Wert darauf legen?" (Noelle-Neumann, 2001: 41).

Die hypothetische Situation im Eisenbahnabteil hat als Frage nach der Redebereitschaft mehrere Vorteile:

- Das Eisenbahnabteil ist öffentlich (jeder hat Zutritt und man trifft dort üblicherweise auf wildfremde Menschen), aber die Öffentlichkeit ist nicht *zu groß*. Bei einer anderen Frageform wird der Befragte gebeten, sich ein Interview für ein Massenmedium vorzustellen (Reportertest, s. u.). Eine zu große Öffentlichkeit schreckt allerdings auch eigentlich redebereite Menschen oft ab.
- Die Situation im Eisenbahnabteil ist vielen Menschen vertraut, früher noch mehr als heute.[8] Die meisten Menschen haben schon mal ein Gespräch in der Eisenbahn geführt oder wenigstens mitbekommen, wie andere sich über Politik unterhalten haben und können sich die Situation lebhaft vorstellen.

8 In den 60er- und 70er Jahren waren sowohl lange Eisenbahnfahrten, als auch Abteilwagen (im Gegensatz zu den heute üblichen Großraumwagen) wesentlich verbreiteter als heutzutage.

Bustest

In manchen Ländern sind längere Eisenbahnfahrten nicht üblich. Für internationale Vergleiche entwickelten die Allensbacher Wissenschaftler deshalb eine Alternative zum Eisenbahntest für Länder, in denen Busreisen den Menschen eher vertraut sind:

Verfahren

„Angenommen, Sie machen eine fünfstündige Busreise und unterwegs wird auf einem Rastplatz angehalten und die Reisenden steigen für eine längere Pause aus. In einem Kreis von Mitreisenden kommt es zu einem Gespräch und jemand fängt an, darüber zu reden, ob wir 14 Chilenen Asyl geben sollen oder nicht. Würden Sie sich gern mit diesem Menschen unterhalten, um seinen Standpunkt näher kennenzulernen, oder würden Sie keinen großen Wert darauf legen?" (IfD-Umfrage 4093/II, Frage 71.)

Wichtig bei diesem Test ist die Pause, in der die Menschen sich in einer kleinen Gruppe (einer kleinen Öffentlichkeit, vergleichbar dem Eisenbahnabteil) unterhalten. Einfach nur zu fragen, ob man sich gern mit demjenigen unterhalten möchte, der im Bus neben einem sitzt, würde nicht ausreichen: Ein einzelner Sitznachbar repräsentiert nicht die Öffentlichkeit im Sinne der Theorie der öffentlichen Meinung (z.B. Salmon & Neuwirth, 1990: 573; vgl. Roessing, 2009: 159-161).

Reportertest

In vielen Studien internationaler Wissenschaftler hat sich der sogenannte Reportertest bewährt – obwohl die Öffentlichkeit, die der Befragte sich hier vorstellen soll, sehr groß ist. Die Befragten werden nach ihrer Bereitschaft gefragt, sich von einem Zeitungs- oder Fernsehreporter interviewen zu lassen und ihre Ansichten und ihren Namen in einem Nachrichtenbeitrag veröffentlicht zu sehen (z.B. Baldassare & Katz, 1996: 149, vgl. Roessing, 2009: 146).

Bei diesem Test addieren sich die sehr große Öffentlichkeit, die Namensnennung und die Tatsache, dass in den USA tatsächlich nach Meinungsumfragen manchmal Reporter bei den Befragten anrufen um Nachfragen zu stellen, zu einem sehr ‚starken' Test der Redebereitschaft. Vermutlich lehnen es gerade bei heiklen Themen wie Rassismus oder AIDS mehr Leute ab, sich im Fernsehen zu äußern als in einem Eisenbahnabteil oder bei einer Pause auf einem Bus-Rastplatz. Gleichwohl konnten in mehreren Studien relevante Ergebnisse für die Schweigespiralforschung mit verschiedenen Varianten des Reportertests gewonnen werden (Roessing, 2009: 146-153).

Social-Gathering-Tests

Elisabeth Noelle-Neumann hatte in den 1970er Jahren mit dem sogenannten Partytest experimentiert: Der Befragte sollte sich eine Einladung mit ziemlich vielen, zum Teil unbekannten Gästen vorstellen und angeben, ob er sich an einem Gespräch über ein umstrittenes Thema beteiligen wolle (Noelle-Neumann, 2001: 36). Der Test ‚funktionierte' jedoch nicht, vermutlich bestimmten Höflichkeit gegenüber dem Gastgeber oder den anderen Gästen die Reaktionen der Befragten (Noelle-Neumann, 2001: 40). In Studien von Wissenschaftlern aus aller Welt erfreuten sich Derivate des Party-Tests jedoch großer Beliebtheit. Hier ist meist von einem ‚sozialen Zusammentreffen' (‚social gathering') die Rede; es gibt diese Fragen in unterschiedlichen Formulierungen und Komplexitätsgraden:

Carroll J. Glynn und Jack M. McLeod verwendeten 1984 die folgende Frage, die sicherlich unter dem gleichen Defizit leidet, wie der Allensbacher Partytest. Ein Treffen mit Menschen, die man kennt, ist keine Form von anonymer Öffentlichkeit: „If you were at a social gathering with people you know, and they were discussing the presidential campaign, how likely would you be to enter into the conversation if they were Reagan supporters? Would it be very likely, somewhat likely, not very likely, or not at all likely that you would join the conversation?" (Glynn/McLeod, 1984: 734)

In umgekehrter Richtung über das Ziel hinaus schießt dagegen folgende Formulierung: „Imagine that you're at some kind of social gathering where you don't know anyone. You're talking to a group of people when someone brings up the issue of Initiative 200. From the discussion, you can tell that most people in the group do not support your point of view. In this kind of situation, some people would express their opinions, while others would not. How likely would you be to express your opinion on Initiative 200 in a situation like this?" (Moy, Domke, & Stamm, 2001: 13; Scheufele, 1999: 53). Die meisten Menschen dürften eine Situation, in der sie bei einem unbekannten Gastgeber von unbekannten Menschen umgeben sind als recht unangenehm empfinden und generell wenig redebereit sein (vgl. Roessing, 2009: 155).

Sonstige Fragemodelle zur Redebereitschaft

Forscher in aller Welt haben zahlreiche Fragemodelle entwickelt um die Redebereitschaft der Befragten in den unterschiedlichsten Situationen zu erheben.[9] Zum Teil wurden dabei ganze Listen von Möglichkeiten seine Meinung öffentlich zu zeigen vorgestellt, wie in diesem Beispiel aus den USA:

„The questionnaire asked the respondents, would you: ‚wear a T-shirt or hat expressing your opinion,' ‚put a bumper sticker ... on your car,' 'enter a discussion with a total stranger...,' 'place yard signs ... in your yard,' 'enter a discussion with people you know...,' 'sign a peti-

9 Eine umfangreiche Zusammenstellung findet sich bei Roessing (2009) im sechsten Kapitel.

tion either for or against such action,' 'call a talk show on radio or TV...,' 'put up signs ... in public places,' 'use an item that has a slogan on it...,' 'allow yourself to be interviewed by a reporter about your opinion,' 'distribute literature that represented your opinion door to door,' 'write a letter ... to the editor of a newspaper,' ' or donate money to a group fighting either for or against such action?'" (Perry & Gonzenbach, 2000: 274)

Der Vorteil solcher Mehrmethodenansätze ist, dass für unterschiedliche Befragte unterschiedliche Stärkegrade des öffentlichen Bekenntnisses dabei sind: Wer grundsätzlich in Talkshows oder Interviews lieber nichts sagt, traut sich vielleicht, ein T-Shirt mit seiner Meinung zu tragen. Außerdem lassen sich bei der Auswertung die Unterschiede in den Antworten analysieren. So kann man feststellen, ob eine größere vorgestellte Öffentlichkeit tatsächlich zu weniger Redebereitschaft führt.

Voraussetzungen für die Entwicklung einer Schweigespirale

Wissenschaftliche Erklärungen setzen voraus, dass die erforderlichen Randbedingungen tatsächlich vorliegen. Holz brennt nur in einer Sauerstoffatmosphäre, aber nicht unter Wasser. Will man die Zersetzung von Holz unter Wasser erklären, kann man nicht auf die Hypothese „Feuer" zurückgreifen (Roessing & Esser, 2004). Ähnliches gilt für die Schweigespirale. Nicht jede öffentliche Auseinandersetzung führt zu einer Schweigespirale. Allerdings sind nicht alle Voraussetzungen für die Entwicklung einer Schweigespirale, die in der Literatur genannt werden, wirklich notwendige Voraussetzungen. Manche erleichtern dem Wissenschaftler lediglich den Nachweis einer Schweigespirale. Letztere werden im Folgenden daher nur am Rande behandelt, während die wirklich notwendige Voraussetzung einer ‚moralischen Ladung' bzw. eines ‚emotionalen Potentials' ausführlicher erklärt wird. Eine Sonderstellung unter den Randbedingungen für eine Schweigespirale nehmen die Massenmedien ein, die deshalb in einem eigenen Abschnitt behandelt werden.

Modell

Modell 3: Voraussetzungen für eine Schweigespirale

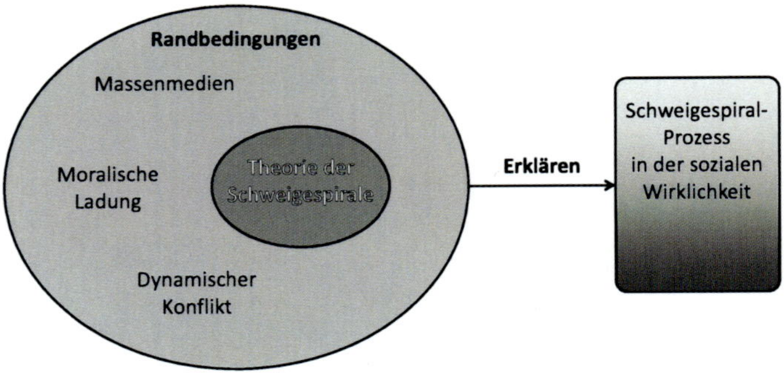

Quelle: Eigene Darstellung in Anlehnung an Roessing, 2007 b: 48.

Moralische Ladung

Isolationsfurcht tritt nur auf, wenn das umstrittene Thema eine moralische Komponente hat. Nur dann muss man fürchten, als schlechter Mensch zu erscheinen und von anderen öffentlich gemieden zu werden. Themen, für die die Menschen keine Emotionen aufbringen, können keine Schweigespiralen auslösen. Es kann durchaus sein, dass ein Thema in den Medien und unter der Bevölkerung kontrovers diskutiert wird – z.B. die Einführung einer Chipkarte für die Krankenversicherung – ohne dass es zu einer Schweigespirale kommt. Erst, wenn die moralische, emotionale Komponente hinzutritt – weil beispielsweise jemand Schlagworte wie den ‚gläsernen Patienten' oder die ‚Datensammelwut von Staat und Industrie' in die Diskussion einführt, kann sich eine Schweigespirale entwickeln. Allerdings ist die moralische Ladung eine notwendige, keine hinreichende Voraussetzung für eine Schweigespirale: Eine Schweigespirale kann nur auftreten, wenn moralische Ladung vorhanden ist (moralische Ladung ist *notwendig*). Aber nicht bei jedem Thema, das die Menschen emotionalisiert, entsteht auch eine Schweigespirale (moralische Ladung ist *nicht hinreichend*).

In den ersten Veröffentlichungen Noelle-Neumanns zur Schweigespirale war noch keine Rede von moralischer Ladung als Bedingung. Man erkennt aber sehr gut an den Themen der Veröffentlichungen von Anfang der 1970er Jahre, dass Noelle-Neumann die Wirkung der öffentlichen Meinung auf die Redebereitschaft der Menschen anhand offensichtlich sehr emotionalisierter Themen gefunden hatte. In dem Beitrag über *Kumulation, Konsonanz und Öffentlichkeitseffekt* von 1973 geht es unter anderem um den Vietnamkrieg, Rassentrennung, kommunistische Parteien und die Anerkennung der Oder-Neiße-Linie (der nach dem zweiten Weltkrieg festgelegten und lange Zeit umstrittenen Grenze zwischen Deutschland und Polen, vgl. Friedel, 2006: 12) (Noelle-Neumann, 1973). Im englischsprachigen Aufsatz von 1974 waren der Sozialismus und die Anerkennung der DDR durch die Bundesrepublik Deutschland Themen (Noelle-Neumann, 1974), im Kalten Krieg und unter dem Eindruck der schon mehrfach erwähnten Ostpolitik Willy Brandts sowie der gesellschaftlichen Veränderungen in der Folge von ‚1968‘ alles Themen mit großem emotionalem Potential.

Empirischer Nachweis von emotionalem Potential

Es genügt allerdings nicht, sich ein Thema anzusehen, vielleicht ein paar Zeitungsartikel dazu zu lesen und dann zu vermuten, dass es ‚sicherlich‘ moralisch aufgeladen sei und das Potential habe, die Bevölkerung zu emotionalisieren. Auch Wissenschaftler können sich bei derartigen Einschätzungen irren. Wird dann eine aufwendige Untersuchung mit Befragungen und Medieninhaltsanalysen durchgeführt, bleibt am Ende unklar, wie das Ergebnis zu interpretieren ist, wenn keine Schweigespirale gefunden wird: Spricht das Ergebnis dann gegen Noelle-Neumanns Theorie, oder fehlte einfach die notwendige Voraussetzung der moralischen Ladung? Ein Beispiel für diese Problematik ist die Dissertation von Helmut Scherer, der heute als Professor in Hannover arbeitet (Scherer, 1990). Seine Studie ist sehr aufwendig und klug angelegt und es lässt sich in methodischer Hinsicht sehr viel daraus lernen. Sie ist allerdings nicht zur Entscheidung darüber geeignet, ob Noelle-Neumanns Annahmen stimmen oder nicht, weil Scherer ein Thema von geringer moralischer Ladung ausgewählt hat.

Volkszählung 1987

Helmut Scherer untersuchte die Meinung der Bevölkerung über die Volkszählung 1987. Für die Untersuchung verwendete er eine fünfwellige Panelbefragung (Befragung der gleichen Menschen mit dem gleichen Fragebogen zu unterschiedlichen Zeitpunkten) und zusätzlich zehn begleitende Trendbefragungen (Befragung mit den gleichen Fragebogen zu unterschiedlichen Zeitpunkten, aber jeweils mit einer neuen Stichprobe) (Scherer, 1990: 62). Da öffentliche Meinung ein Prozess in der Zeit ist – was sich auch in dem Begriff ‚Schweigespirale‘ niederschlägt – sind solche Mehrfachbefragungen äußerst nützlich. Speziell Panelbefragungen, bei denen man für jeden einzelnen Befragten nachvollziehen kann, wann er, unter welchen Bedingungen, seine Meinung oder seine Redebereitschaft geändert hat, sind für die Erforschung sozialwissenschaftlicher Prozesse sehr gut geeignet. Könnte man beispielsweise sehen, dass genau die Befragten, die ihre Position zunehmend dem Meinungsklimadruck ausgesetzt sehen, ihre Redebereitschaft im Eisenbahntest verringern, würde diese Beobachtung Noelle-Neumannschen Hypothesen belastbar untermauern (Scherer, 1990: 93-96; Noelle-Neumann & Petersen, 2005: 477-487; Hansen, 1982). Scherer wandte auf seine Daten sowohl herkömmliche Analyseverfahren wie die auch von Noelle-Neumann verwendeten Kreuztabellen an, als auch kompliziertere statistische Verfahren wie zeitversetzte Korrelationen oder mathematische Kausalmodelle wie LISREL.[10] Außerdem hatte Scherer auch eine Medieninhaltsanalyse zur Verfügung (Scherer, 1990: 162-163), die, genau wie Panelanalysen, wegen der hohen Kosten und des erheblichen Aufwandes selten sind, obwohl für die Erforschung der Schweigespirale eigentlich unerlässlich. Allerdings weist Helmut Scherer mit Hilfe seiner umfangreichen Daten auch nach, dass das Thema ‚Volkszählung' nicht so gut für eine Untersuchung zur Schweigespirale geeignet ist, wie es auf den ersten Blick erschien. Es gab zwar einen öffentlichen Streit über die Volkszählung, speziell über den Datenschutz und die informationelle Selbstbestimmung der Bürger gegenüber dem Staat. Manche Menschen entschlossen sich, die Zählung zu boykottieren, und es wurde über Handgreiflichkeiten gegen die Interviewer der Volkszählung berichtet (Scheuch, 1989: 40). Zwanglos konnte der Eindruck entstehen, dass das Thema Volkszählung die Gemüter ausreichend erhitzt, um eine Schweigespirale entstehen zu lassen. Dem war jedoch nicht so:

> *„Nur 4% der Befragten gaben in der vierten Panelwelle an, ihre Bekannten würden ihnen ein abweichendes Verhalten übelnehmen, 79% dagegen sagten, daß ihre Freunde dies tolerieren würden. Damit ist in Frage gestellt, ob man die Schweigespirale auf diesen Sachverhalt überhaupt anwenden kann." (Scherer, 1990: 157).*

Andere Studien untermauern das Problem: Winfried Schulz stellte fest, dass die Volkszählung für die breite Mehrheit der Bevölkerung nur einen extrem geringen Stellenwert hatte (Schulz, 1989: 132). Eine andere Untersuchung berichtet, dass vielen Menschen die Volkszählung gleichgültig, allenfalls lästig war (Scheuch, Gräf, & Kühnel, 1989: 3).

Es ist folglich wichtig, das Vorliegen der Voraussetzungen zu prüfen, bevor Untersuchungen zur Schweigespirale durchgeführt – mindestens aber bevor Rückschlüsse auf die Gültigkeit der Theorie gezogen werden. Themen, bei denen die Vermutung naheliegt, dass sich die Bevölkerung sehr emotional damit beschäftigt, gab es in der Vergangenheit

10 LISREL ist die Abkürzung für ‚Linear Structural Relations', zu Deutsch ‚lineare Strukturbeziehungen' und der Name eines Softwarepaketes für die Berechnung von Strukturgleichungsmodellen.

(Wiederbewaffnung, Ostpolitik, Atomraketen) und auch in neuerer Zeit (Kernenergie, Lebensmittelsicherheit) immer wieder. Man muss allerdings dazu sagen, dass eine systematische, empirische Prüfung der Voraussetzung ‚moralische Ladung' sehr selten ist und auch in Studien Noelle-Neumanns selbst meistens durch die bloße Vermutung eines emotionalen Potentials ersetzt wird. Dass das im schlimmsten Fall die Aussagekraft der eigenen Ergebnisse gefährdet, zeigt das Beispiel der Untersuchung von Helmut Scherer.

Verfahren

Fragemodelle für die moralische Ladung

Es gibt mehrere demoskopische Fragen, die als Indikatoren für moralische Ladung verwendet werden. Empfehlenswert ist es mindestens zwei dieser Fragen in einer gegabelten Befragung zu verwenden (Split Ballot, vgl. Noelle-Neumann & Petersen, 2005 a: 192-207; Petersen, 2002).

- *Freunde zerstreiten sich*: „Es gibt ja manche Dinge, über die man unter Freunden unterschiedlicher Meinung sein kann. Das kann manchmal soweit führen, daß man sich heftig zerstreitet und daß sogar Freundschaften in die Brüche gehen. Auf diesen Karten haben wir verschiedenes aufgeschrieben – wenn Sie das bitte einmal lesen. Bei welchen würden Sie sagen, das sind wirklich Streitfragen, darüber können auch gute Freunde heftig aneinandergeraten?" (Noelle-Neumann, 2001: 367-368)
- *‚Heiße Themen, bei denen man sich leicht den Mund verbrennen kann'*: „Auf dieser Liste haben wir einiges aufgeschrieben, worüber man sich unterhalten kann. Welches davon sind Ihrer Ansicht nach heikle Themen, bei denen man sich leicht den Mund verbrennen kann, wenn man darüber spricht?" (Noelle-Neumann & Köcher, 1997: 792).
- *Zwischenrufer bei einer Podiumsdiskussion*: Der Interviewer zeigt dem Befragten ein Bildblatt, auf dem ein Mensch schemenhaft gezeichnet ist, der in einem Publikum aufgestanden ist und offenbar etwas zu sagen hat. Der Fragetext lautet (hier am Beispiel des Klimawandels): „[...] Ich möchte Ihnen einmal erzählen, was sich neulich bei einer Podiumsdiskussion über den Treibhauseffekt und die Klimaveränderungen ereignet hat. Zwei Experten sprachen darüber, was die neuesten Statistiken und Messungen über das Klima sagen und wie viel Schadstoffe wirklich in der Luft vorhanden sind. Plötzlich springt ein Zuhörer auf und ruft etwas in den Saal. Wenn Sie das bitte einmal lesen." – Die Person auf dem Bildblatt äußert folgenden Satz: „Was interessieren mich Zahlen und Statistiken in diesem Zusammenhang! Wie kann man überhaupt so kalt über ein Thema reden, das über unsere ganze Zukunft entscheidet!"

– „Würden Sie sagen, er hat ganz recht oder nicht recht?“ (Noelle-Neumann & Petersen, 2005 a: 166)

- *Rankings* und *Ratings*: Dabei soll der Befragte Themen nach ihrem emotionalen Potential ordnen (diese Technik nennen Umfrageforscher ‚Ranking‘) oder mithilfe einer Likert-Skala beurteilen (‚Rating‘).
- *Weitere Verfahren*: Weitere – zum Teil bislang nicht getestete – Verfahren machen sich Eigenschaften von Fragebatterien zunutze, oder adaptieren Messverfahren aus der Persuasionsforschung zur inneren Beteiligung von Menschen (Involvement) (näher: Roessing, 2009: 98-115).

Disput, Aktualität & Massenmedien

Als weitere Randbedingungen für die Entwicklung einer Schweigespirale gelten Disput (bzw. Kontroverse), Aktualität und der Einfluss der Massenmedien (Noelle-Neumann, 1996: 366-368). Dabei handelt es sich allerdings nicht um notwendige Bedingungen: Dass es eine Kontroverse geben muss, folgt logisch aus der Definition einer Schweigespirale. Wenn alle sich einig sind, ist das zwar auch eine Form der öffentlichen Meinung (sie wird nach einer Idee von Ferdinand Toennies (1922) ‚festgewordene öffentliche Meinung‘ genannt), aber keine Schweigespirale, bei der stets zwei Lager um die Vorherrschaft im Meinungsklima ringen. Wenn ein Thema besonders aktuell ist, erleichtert das den Wissenschaftlern die Arbeit, weil Menschen leichter nach solchen Themen befragt werden können und Medieninhaltsanalysen einfacher werden. Es gibt jedoch auch sehr langsam, über viele Jahre hinweg ablaufende Schweigespiralen, bei denen das Thema keineswegs dauerhaft aktuell ist, in Deutschland beispielsweise hinsichtlich der Todesstrafe (Noelle-Neumann, 1973: 43-44). Den Einfluss der Massenmedien sollten Studien in modernen Staaten der heutigen Zeit selbstverständlich berücksichtigen. Massenmedien sind heutzutage vielerorts geradezu allgegenwärtig und es ist bei öffentlich heiß diskutierten Themen sehr unwahrscheinlich, dass sich jemand seine Meinung ausschließlich auf der Grundlage der direkten Beobachtung seiner sozialen Umwelt bildet. Die am Anfang dieses Kapitels erwähnten Literaturstudien haben jedoch zahlreiche Hinweise auf Schweigespiralen in Zeiten und in Gegenden (Altes Testament, Altes China) erbracht, wo es keine Massenmedien im heutigen Sinn gab. So bemerkenswert der Einfluss der Massenmedien auf die öffentliche Meinung heute sein mag, eine notwendige Voraussetzung für eine Schweigespirale ist er nicht.

Massenmedien und Öffentliche Meinung

Funktionen der Massenmedien

Die Theorie der öffentlichen Meinung ist nicht nur eine sozialpsychologische Theorie, sondern auch eine Theorie der Medienwirkung. Das ist der Grund, warum der eigentlich ja der Sozialpsychologie zuzurechnende Ansatz in der Kommunikationswissenschaft seit Jahrzehnten eine gewichtige Rolle spielt (Schenk, 2007: 526-577). Für die öffentliche Meinung erfüllen Massenmedien vier Aufgaben, die speziell im Kontext der Schweigespirale relevant sind:

1. *Thematisierung.* Massenmedien sorgen dafür, dass die Menschen auf bestimmte Themen aufmerksam werden, sie für wichtig halten. Es gibt einen eigenen Forschungszweig innerhalb der Kommunikationswissenschaft, der sich der Frage widmet, inwiefern die Medien beeinflussen, worüber Menschen nachdenken, welche Themen sie für wichtig halten: die Agenda-Setting-Forschung (McCombs & Shaw, 1972; Funkhouser, 1973; Brosius, 1994; Rössler, 1997; Maurer, 2010).
2. *Verleihen von Öffentlichkeit.* Massenmedien transportieren nicht nur Themen, sondern auch Standpunkte und Meinungen. Ein Standpunkt, der von den Massenmedien nicht aufgegriffen wird, hat schlechte Chancen in der öffentlichen Debatte wahrgenommen zu werden (Noelle-Neumann, 2001: 222-226).
3. *Artikulationsfunktion.* Massenmedien liefern den Menschen Argumente, zum Teil sogar fertige Sprachfiguren. Sie werden dann in alltäglichen Gesprächen, auch öffentlich in Bus und U-Bahn, wiederholt und der Eindruck, dass sie die herrschende Meinung wiedergeben, verstärkt sich. Wer hingegen „seinen Standpunkt in den Medien kaum vertreten findet, ist mundtot“ (Noelle-Neumann, 2001: 246).
4. *Die Massenmedien als Quelle der Umweltwahrnehmung.* Nicht nur der persönliche Umgang, Gespräche mit Bekannten oder in Eisenbahnabteilen, sondern auch die Massenmedien prägen die Meinungsklimawahrnehmung der Menschen. Dies gilt verstärkt seit Medieninhalte mit Hörfunk und Fernsehen quasi ubiquitär geworden sind (Radio am Arbeitsplatz und im Auto, Fernsehen zuhause) (Noelle-Neumann, 2001: 227-240).

Modell

Modell 4: Funktionen der Massenmedien für die öffentliche Meinung

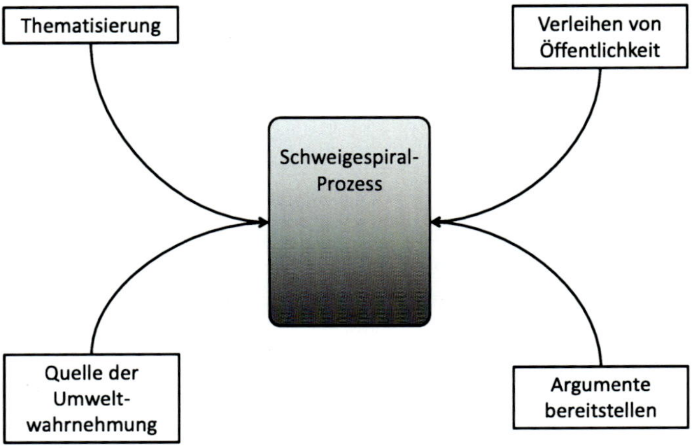

Quelle: Eigene Darstellung

Der Einfluss der Massenmedien auf die öffentliche Meinung kann mit Hilfe verschiedener Forschungsansätze untersucht werden. Sinnvoll ist – wie so oft in der Wissenschaft – eine kluge Kombination aus mehreren dieser Ansätze.

Das doppelte Meinungsklima

Ein klassisches Phänomen, auf das sich Noelle-Neumann stützt, wenn sie den Medieneinfluss auf die Schweigespirale beschreibt, ist das *doppelte Meinungsklima*.

Begriffe

Ein doppeltes Meinungsklima ist ein seltenes Phänomen, das entsteht, wenn die Massenmedien ein anderes Meinungsklima vermitteln als der unmittelbare Kontakt mit der Öffentlichkeit – auf Marktplätzen und in Eisenbahnabteilen beispielsweise. Ein doppeltes Meinungsklima zeigt sich darin, dass Menschen, die die Massenmedien wenig nutzen, eine andere Vorstellung vom Meinungsklima haben, als Menschen, die regen Gebrauch von Medien machen.

Das doppelte Meinungsklima fiel im Wahljahr 1976 auf, als bei einer repräsentativen Panelbefragung auch erhoben wurde, welche politischen Magazine die Befragten ansehen (Noelle-Neumann 1980). Die erste Frage lautete „Wie oft sehen Sie sich im Fernsehen politische Sendungen an, von den täglichen Nachrichtensendungen einmal abgesehen?“ In der zweiten Frage wurde ein ‚Kartenspiel‘ verwendet. Das ist eine Technik aus der Umfrageforschung, bei der die Befragten Kärtchen mit Begriffen oder Aussagen sortieren sollen (Noelle-Neumann & Petersen, 2005 a: 168). In diesem Fall enthielt das Kartenspiel die Titel von zwölf politischen Fernsehsendungen. Beide Fragen führten zu denselben Ergebnissen. Noelle-Neumann verwendete für die Einteilung in ‚viel‘ ‚mittel‘ und ‚wenig‘ Nutzung politischer Fernsehmagazine die erste Frage. Eine Kreuztabelle mit den Antworten auf die Frage, wer wohl die Wahl gewinnt (Meinungsklima) zeigt, dass sich die Entwicklung dieser Einschätzungen für die unterschiedlich starken Nutzer politischer Sendungen deutlich unterscheidet (Tabelle 2). Bei den häufigen Zuschauern dieser Sendungen geht die Erwartung, dass die Unionsparteien gewinnen, am deutlichsten zurück. Noch auffälliger ist, dass nur bei den häufigen Zuschauern ein deutlicher Anstieg der Erwartung, dass die SPD und die FDP die Wahl gewinnen, zu beobachten ist.

Tabelle 2: Der Einfluss des Fernsehens auf die Erwartung, wer die Wahl gewinnt

	Häufige Zuschauer bei politischen Fernsehsendungen (n=175)		Personen, die hin und wieder politische Fernsehsendungen sehen (n=196)		Personen, die selten oder nie politische Fernsehsendungen sehen (n=118)	
Sieges-Erwartung für	März 76 %	Juli 76 %	März 76 %	Juli 76 %	März 76 %	Juli 76 %
CDU/CSU	47	34	51	44	36	38
SPD/FDP	32	42	27	29	24	25
Unmöglich zu sagen	21	24	22	27	40	37
Summe	100	100	100	100	100	100

Quelle: Noelle-Neumann, 1980: 91.

Um Scheinkorrelationen auszuschließen, führte Noelle-Neumann zahlreiche sogenannte Drittvariablenkontrollen durch. Es könnte schließlich sein, dass politisch interessierte Menschen eher politische Sendungen sehen und gleichzeitig das Meinungsklima anders wahrnehmen als nicht politisch Interessierte. Die Ergebnisse blieben jedoch stabil (Noelle-Neumann, 1980: 94-112). Somit ist das doppelte Meinungsklima ein belastbarer Hinweis für den Einfluss des Fernsehens auf das Meinungsklima, auch wenn für eine sichere Übertragung der Ergebnisse auf die Gesamtbevölkerung höhere Fallzahlen (eine Gruppengröße von n=118 bei Selten-Sehern ist recht wenig) wünschenswert wären. Für einen echten Beweis oder noch belastbarere Unterstützung für Noelle-Neumanns Vermutungen wären allerdings zusätzliche Schritte nötig.

Modell

Modell 5: Drittvariablenkontrolle

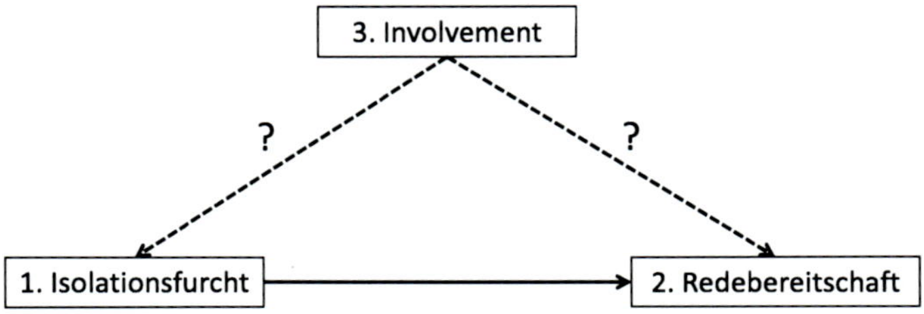

Quelle: Eigene Darstellung

Ein solcher zusätzlicher Schritt besteht darin, die Befragten auch danach zu fragen, wie sie den Standpunkt der Massenmedien wahrnehmen. Es gibt mehrere Phänomene, die die Wahrnehmung von Medieninhalten durch die Bevölkerung verzerren. Dazu gehört beispielsweise der Hostile-Media-Effekt (Vallone, Ross & Lepper, 1985; Gunther, 1998, s. auch Kap. 6 dieses Buches). Es ist also durchaus möglich, dass die Medien eine Partei besonders unterstützen, viele Menschen aber das Gegenteil wahrnehmen.

Naturgemäß führt eine wissenschaftliche Analyse der tatsächlichen Medieninhalte ebenfalls zu mehr Sicherheit bei der Suche nach Einflüssen der Medien auf die öffentliche Meinung. Anders als in der Alltagswahrnehmung vieler Menschen kann durch Inhaltsanalysen intersubjektiv nachvollziehbar gemessen werden, welchen Standpunkt welche Medien wie stark vertreten. Dabei geht es nicht nur um direkte, verbale Aussagen in Nachrichten und Kommentaren. Es gibt unterschiedliche Mechanismen, mit deren Hilfe die Medien das Bild, das sich die Menschen von der Wirklichkeit machen („The pictures in our heads", Lippmann, 1960 [Original 1922]: 3), beeinflussen können:

Instrumentelle Aktualisierung

Journalisten sollten objektiv sein und Meinungen nur in Kommentaren vertreten. Sie können deshalb nicht einfach in einen Bericht über Tarifverträge hineinschreiben, dass sie für oder gegen eine Arbeitszeitverkürzung sind. Allerdings ist es auch möglich über eine betonte oder zurückhaltende Darstellung von Fakten Meinungen in scheinbar neutral gehaltenen Artikeln unterzubringen. Hans Mathias Kepplinger untersuchte dieses Phänomen mit Hilfe einer Journalistenbefragung anhand von zwei Themen. Das eine war die *35-Stunden-Woche*, eine von den Gewerkschaften geforderte deutliche Arbeitszeitverkürzung und ein in der Bundesrepublik Deutschland der 1980er Jahre intensiv diskutiertes Thema. Das andere war der Nicaragua-Konflikt; dort standen sich in den 1980er Jahren links orientierte Sandinisten und die konservativen Contras in einer blutigen Auseinandersetzung gegenüber, die auch in Deutschland für Diskussionen sorgte (Kepplinger, Brosius, Staab & Linke, 1989). 14 Prozent der befragten Journalisten billigten das Herunterspielen, 45 Prozent das Hochspielen von Informationen, die die eigene Konfliktsicht stützten (Kepplinger, 1989: 12).

Akteure

Hans Mathias Kepplinger

Hans Mathias Kepplinger, geboren 1943 in Mainz, hat viele Male mit Elisabeth Noelle-Neumann zusammengearbeitet, aber auch unabhängig von ihr zu öffentlicher Meinung und Medienwirkungen geforscht. Kepplinger studierte in Mainz, München und Berlin die Fächer Psychologie, Publizistik, Rechtsphilosophie, Politikwissenschaft und Geschichte. Er wurde er bei dem Politikwissenschaftler Hans Buchheim mit einer Arbeit über ideengeschichtliche Aspekte der '68er-Bewegung promoviert. Nach der Habilitation für das Fach Publizistikwissenschaft im Jahr 1977 erhielt er 1978 ein Heisenberg-Stipendium der Deutschen Forschungsgemeinschaft. Seit 1982 ist Hans Mathias Kepplinger Professor an der Johannes Gutenberg-Universität Mainz.

Zu Kepplingers Forschungsarbeiten gehören neben einer Studie zur optischen Kommentierung durch Kamera-Einstellungen im Rahmen der Begleitforschung zur Bundestagswahl 1976 (s. unten) und dem Konzept der Instrumentellen Aktualisierung auch Studien zur Risikokommunikation (‚Störfall-Fieber', 1995), Skandalforschung (‚Publizistische Konflikte und Skandale', 2009) und Wahlforschung (‚Abschied vom rationalen Wähler', 2005; ‚Wählerstimmungen in der Mediendemokratie', 2005). Alle diese Bereiche stehen in direktem Zusammenhang mit der Schweigespirale: Risiken, wie sie von der Kernenergie oder der Gentechnik ausgehen, können leicht zu einem Thema der öffentlichen Meinung werden. Skandale entstehen um öffentlich nicht akzeptiertes Verhalten und im Wahlkampf besteht stets die Möglichkeit einer Schweigespirale.

Umfragedaten und Fallbeispiele

Zu den objektiven Daten, deren Veröffentlichung immer wieder als mögliche Beeinflussung des Meinungsklimas diskutiert wird, gehören auch Umfrageergebnisse (Donsbach, 1984). Es gibt allerdings deutliche Hinweise, dass Zahlen und Graphiken über die Daten der Umfrageinstitute weit weniger Einfluss auf die Wahrnehmung des Meinungsklimas haben, als anschaulichere Inhalte wie Fallbeispiele oder allgemeine Wahlaussagen (Donsbach & Weisbach, 2005). Sowohl Hans-Bernd Brosius als auch Gregor Daschmann fanden in experimentellen Untersuchungen heraus, dass die Darstellung von Fallbeispielen wesentlich stärker auf die Wahrnehmung von Meinungsverteilungen wirkt als die Präsentation von Zahlen und Daten. Unter Fallbeispielen versteht man die Darstellung einzelner Menschen, gegebenenfalls mit einem kurzen Interview, z.B. mit Passanten in einer Fußgängerzone. Je nachdem, wie groß der Anteil der Fallbeispiele ist, die sich für oder gegen eine Seite bei einem umstrittenen Thema äußern, verändern sie die Wahrnehmung der Meinungsverteilung bei den Lesern und Zuschauern (Brosius & Bathelt, 1994; Brosius, 1995; Daschmann, 2001). Damit haben Journalisten die Möglichkeit durch Auswahl der Fallbeispiele in ihren Beiträgen direkt auf das Meinungsklima und damit auf Schweigespiralen einzuwirken.

Modell

Modell 6: Stark vereinfachtes Modell der Wirkung von Fallbeispielen

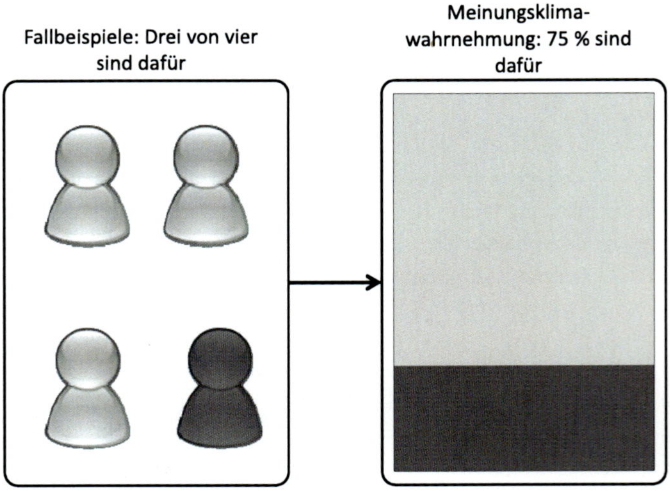

Quelle: Eigene Darstellung

Optische Kommentierung

Wie bereits im Abschnitt über die Entstehungsgeschichte der Theorie der Schweigespirale erwähnt, stellte sich bei Untersuchungen zum Einfluss der Medien auf die öffentliche Meinung im Wahljahr 1976 heraus, dass Kameraleute dazu neigen, ihre Meinung über Politiker in deren Darstellung auf dem Fernsehschirm einfließen zu lassen (vgl. auch Gassner, 1992). Eine von Willy Loderhose durchgeführte Befragung ergab, dass Kameraleute mehrheitlich eine ihnen sympathische Person in Nahaufnahme, auf Augenhöhe und ohne Kamerabewegung zeigen würden (Kepplinger, 1987: 93; neu veröffentlicht in Kepplinger, 2010 b: 34). Eine Inhaltsanalyse zeigte zudem, dass Helmut Kohl (CDU) eher in ungünstigen Kameraeinstellungen gezeigt wurde als sein Gegenkandidat Helmut Schmidt von der SPD (Kepplinger, 2010 b: 39). Auch stellen manche Journalisten eher negative Reaktionen des Publikums (wie Pfiffe und Buhrufe) für die konservative Seite dar, als für das damals regierende sozialliberale Lager (Kepplinger, 2010 b: 41-47). Es ist zumindest plausibel, dass solche Darstellungen langfristig die Vorstellung davon, wer in der öffentlichen Meinung bessere Chancen hat, beeinflussen können. Allerdings wurden Kepplingers Studien auch heftig kritisiert, vor allem vom Münsteraner Kommunikationswissenschaftler Klaus Merten (s. unten, Kap. 5).

Priming und Framing. Priming und Framing (vgl. Matthes, 2011) sind aus der Psychologie übernommene und für den Einsatz in der Kommunikationswissenschaft angepasste Konzepte (Scheufele, 2003). Grob gesagt bedeutet *Priming*, dass auf etwas aufmerksam gemacht wird (z.B. ein Thema wie Rentenpolitik) und dadurch Vorstellungen in den Köpfen der Menschen mit-aktiviert werden (z.B. mit dem Thema befasste Politiker wie Norbert Blüm [CDU] oder Walter Riester [SPD]). Diese sind in einer konkreten Entscheidungssituation (z.B. bei einer Wahl) dann besser präsent und werden eher zur Entscheidung herangezogen. *Framing* dagegen bedeutet, dass ein Thema aus einem bestimmten Blickwinkel dargestellt wird, der den Interpretationsrahmen für das Verstehen dieses Themas vorgibt. So können Journalisten das Thema „Sozialhilfe“ aus der Perspektive der Armut der Betroffenen oder aus der Perspektive der leeren Kassen des Staates darstellen. Je nachdem, welcher dieser Interpretationsrahmen mit einem bestimmten Meinungslager verknüpft ist, profitiert dieses Lager in der öffentlichen Meinung, wenn die Massenmedien sich mehrheitlich und wiederholt für diesen Frame entscheiden (Kepplinger, Maurer, & Roessing, 1999).

Zusammenfassung: Medienwirkung und öffentliche Meinung

Medien tragen dazu bei, das Meinungsklima zu formen. Sie machen auf Themen und Standpunkte aufmerksam und liefern den Menschen Argumente für Diskussionen. In welchem Umfang und wie genau das passiert, kann man unter anderem an den Studien zum doppelten Meinungsklima, und den Forschungen zu Fallbeispielen erkennen, aber auch an Untersuchungen zur Rezeption von Mediensprache (Argumentationsfunktion, vgl. Petersen, 2002: 234-237). Die Medienwirkungsforschung ist allerdings einerseits sehr umfangreich (Schenk, 2007), andererseits ist längst noch nicht alles bekannt, was erforscht werden könnte und bei vielen existierenden Forschungszweigen ist vieles noch unklar. Für die Erforschung der Medienwirkung im Rahmen der Schweigespirale erzielt man die besten Ergebnisse, indem man quantitative Medieninhaltsanalysen mit Panelbefragungen kombiniert. Leider sind solche Studien sehr selten, denn sie sind schwierig durchzuführen und teuer.[11]

Experimentelle Studien zur Schweigespirale

Asch-Experiment

Noelle-Neumann bezieht sich unter anderem auf ein Experiment von Solomon Asch, um deutlich zu machen, was „soziale Natur des Menschen" bedeutet (Asch, 1965). Asch hatte Probanden mehrere Linien gezeigt, von denen eine eindeutig einer Musterlinie entsprach, die anderen eindeutig nicht. Dann wurden die Probanden gefragt, welche Linie der Musterlinie entspreche. Allerdings war nur einer der Anwesenden ein echter Proband, die anderen waren Mitarbeiter des Versuchsleiters. Sie nannten einer nach dem anderen eine falsche Linie. War am Ende der nicht eingeweihte echte Proband an der Reihe, sah er sich einem erheblichen sozialen Druck ausgesetzt, eine offensichtlich falsche Antwort zu geben, um neben den anderen nicht als Abweichler zu erscheinen. Siebenunddreißig von fünfzig Versuchspersonen gaben diesem Druck in mindestens einem von zwölf Durchgängen nach und nannten eine falsche Linie (Asch, 1965: 129). Noelle-Neumann wertete dies als Befund, der ihre Vorstellung von der sozialen Natur des Menschen unterstützt (Noelle-Neumann, 2001: 60). Allerdings hatte Asch auch herausgefunden, dass in den insgesamt 600 Versuchsdurchgängen die deutliche Mehrheit der Antworten (68 Prozent) richtig und vom Meinungsdruck unbeeinflusst war und dass es starke individuelle Differenzen bei den Reaktionen der Versuchspersonen gab (Asch, 1965: 129 f). Aschs Experiment ist also eigentlich nicht mehr als ein Hinweis auf die soziale Natur des Menschen, die ihrerseits als eine mögliche Ursache für Konformität in Frage kommt.

Eignung von Experimenten

Experimente gehören zur Forschungslogik des Schweigespiral-Ansatzes, sind aber kein zentrales Forschungsinstrument. Das liegt daran,

11 Ein Versuch diese komplizierten Erhebungen und Analysen für Bundestagswahlen zu institutionalisieren ist die „German Longitudinal Election Study" (GLES): http://www.dgfw.info/gles.php

dass sich die Ergebnisse von sozialwissenschaftlichen Experimenten oft nur schwer oder mit großen Unsicherheiten behaftet auf das wirkliche Leben in einer Gesellschaft übertragen lassen. Experimental-Wissenschaftler sprechen von einer geringen *externen Validität* (Huber, 2000: 134). Eine Schweigespirale ist ein Phänomen, das eine ganze Gesellschaft – oder zumindest größere Teile davon – erfasst und sich als Prozess über einen längeren Zeitraum erstreckt. So etwas in einem Universitätsinstitut mit wenigen Probanden zu simulieren, ist schwierig bis unmöglich. Das liegt nicht nur daran, dass sich längere Prozesse nur schwer im Labor untersuchen lassen, weil man die Probanden dort nicht ohne Weiteres über Wochen oder Monate einsperren und von Einflüssen der Außenwelt fernhalten kann. Ein weiterer Grund ist, dass die vielen Einflüsse, die die Theorie der Schweigespirale beispielsweise den Massenmedien, aber auch der direkten Umweltwahrnehmung und anderen sozialen Variablen zuschreibt, nicht in einem experimentellen Design zuverlässig zu operationalisieren sind. Allerdings kann das Experiment durchaus eingesetzt werden, um Grundlagenforschung zu betreiben. Konformitätsexperimente wie das von Asch oder ein weiteres von Sherif (Prose, 1987) tragen dazu bei, die Isolationsfurcht des Menschen besser zu verstehen. Mit Hilfe von Experimenten haben Brosius und Daschmann den Effekt von Fallbeispielen auf die Meinungsklimawahrnehmung untersucht. William Gonzenbach kombinierte den Meinungsklimadruck durch eine manipulierte Einblendung der Meinung anderer Probanden mit der Wahrnehmung einer Fernseh-Diskussion (Gonzenbach, 1992). Alle diese Experimente sind dazu geeignet, zum Gesamtverständnis der sozialpsychologischen öffentlichen Meinung beizutragen. Die Theorie der öffentlichen Meinung und die Hypothesen zur Schweigespirale mit einem einzigen Experiment auf den Prüfstand zu stellen und entweder deutlich zu bestätigen – oder endgültig zu falsifizieren – wird jedoch wegen der Art des Phänomens und der Komplexität der Zusammenhänge nicht möglich sein (näher: Roessing, 2009: 73-74; 237-241).

Selbstexperimente

Sogenannte Selbstexperimente sind keine sozialwissenschaftlichen Experimente im engeren Sinne. Es gibt keine Kontrollgruppen und das Ergebnis wird nicht durch Mittelwertvergleiche und Signifikanztests ermittelt. Es handelt sich eher um systematische Beobachtungen selbst induzierter Situationen öffentlicher Nonkonformität. Die Idee, seine eigenen Reaktionen in ungewöhnlichen Situationen zu beobachten, stammt von Florence J. van Zuuren. Sie wurde später von Noelle-Neumann und Erich Lamp in Seminaren mit Studenten als Selbst-Experimentatoren weiterentwickelt (Noelle-Neumann, 2001: 307-309). Lamp berichtet in seinem Buch über die Macht der öffentlichen Meinung von den Erlebnissen der Studierenden, die Aufgaben wie ‚lautes Singen auf einem öffentlichen Platz‘ oder ‚unmotiviertes Auf- und Ab-Gehen in einer Straßenbahn‘ übernommen hatten. Ihre Selbstbeobachtungen zeigen, dass ungewöhnliches Verhalten in der Öffentlichkeit Menschen einer starken psychischen Belastung unterwerfen kann (Lamp, 2009: 25-41). Freilich sind auch diese Selbstexperimente kein Beweis, dass Noelle-Neumann Recht hat. Ungewöhnliches Verhalten in der Öffentlichkeit ist ja nicht notwendigerweise identisch mit der Redebereitschaft im gesellschaftlichen Meinungskampf. Die Analyse der Berichte kann aber sehr nützlich sein, um die mit der öffentlichen Meinung verbundenen Emotionen zu verstehen.

Anekdoten

Erich Lamp dokumentiert in seinem Buch über die Macht der öffentlichen Meinung einige Berichte über Selbstexperimente, darunter auch den folgenden, verfasst von einem Studenten, der sich lautes Singen in der Öffentlichkeit vorgenommen hatte:

„Ich war unheimlich aufgeregt und hatte einen dicken Kloß im Hals, ganz so als ob mir jemand die Kehle zuschnürte. Mein Herz klopfte wild. Ich starrte abwechselnd auf den Text und auf die Unmenge von Leuten, die mich umgaben. Meinen Mund brachte ich allerdings nicht auf. Ich schämte mich zu sehr, konnte meinen inneren Schweinehund einfach nicht überwinden – es war mir höchst peinlich. Die Minuten verstrichen. Immer wieder schob ich meinen Einsatz hinaus, suchte nach Entschuldigungen: ‚Diesen einen Bus warte ich noch ab‘ ‚Nur diesen Pulk von Leuten lass‘ ich noch vorbei‘... Ich fühlte mich schrecklich und war gleichzeitig überrascht, daß es mich doch so viel Überwindung kostete.“ (Lamp, 2009: 30).

4. Empirische Befunde

In diesem Kapitel werden Schlüsselstudien vorgestellt, deren Ergebnisse entscheidende Konsequenzen für die Theorie der Schweigespirale haben. Dabei werden die wichtigsten Studien, die Noelle-Neumann selbst vorgelegt hat, ergänzt und kontrastiert mit empirischen Untersuchungen aus dem In- und Ausland. Während Noelle-Neumanns eigene Arbeiten naturgemäß die Annahmen der Theorie stützen, enthalten die anderen Studien auch Kritik. Diese Kritik wiederum enthält wertvolle Anregungen für die weitere Entwicklung der Theorie der öffentlichen Meinung.

Schweigespirale 1974

Nachdem sich schon die Publikationen Noelle-Neumanns über „Kumulation, Konsonanz und Öffentlichkeitseffekt“ in den Jahren 1972 und 1973 mit Problemen aus dem Bereich der öffentlichen Meinung und der Massenmedien beschäftigt hatten, gilt ihr Aufsatz von 1974 als erste dezidierte Veröffentlichung zur Schweigespirale: „The Spiral of Silence. A Theory of Public Opinion” ('Die Schweigespirale. Eine Theorie der öffentlichen Meinung'). In diesem Aufsatz präsentiert Noelle Neumann Daten aus Allensbacher Umfragen von 1971 und 1972 um ihre Hypothesen (s. Kap. 1 dieses Buches) zu überprüfen. In den Umfragen wurden für zwölf kontroverse Themen folgende Angaben erhoben: (a) die eigene Meinung der Befragten, (b) die Einschätzung des Befragten, was wohl die meisten denken (Meinungsklima), (c) Meinungsklimaeinschätzung für die Zukunft, (d) die Redebereitschaft in einer öffentlichen Situation (Eisenbahntest) (Noelle-Neumann, 1974: 46). Schon vor der Präsentation der Ergebnisse prüft die Autorin, ob Drittvariablen wie Alter, Geschlecht und Beruf mit der Redebereitschaft zusammenhängen. Es wäre für die Interpretation der Daten problematisch, wenn sich beispielsweise beim (Anfang der 1970er Jahre sehr umstrittenen) Thema ‚Zusammenleben unverheirateter Paare‘ hauptsächlich junge Menschen redebereit zeigten und die Redebereitschaft gleichzeitig bei Jüngeren generell größer wäre. Man wüsste dann nicht, ob die Redebereitschaft auf einen Meinungsumschwung bei Jüngeren oder einem generellen Effekt des Alters beruht. Tatsächlich findet Noelle-Neumann Zusammenhänge zwischen den genannten soziodemographischen Variablen und der Redebereitschaft: Männer, Jüngere und Angehörige der höheren sozialen Schichten zeigten sich insgesamt redebereiter. Allerdings bleiben diese Unterschiede generell erhalten, unabhängig davon, welches der zwölf kontroversen Themen betrachtet wurde. Eine bedeutsame Verzerrung der Ergebnisse konnte also nicht festgestellt werden (Noelle-Neumann, 1974: 46-47).[12] Es folgt eine typische Auswertung nach Meinungslager (Gewinner oder Verlierer im Meinungsklima) und Redebereitschaft für das Thema ‚Durchsetzung des Sozialismus in der Bundesrepublik Deutschland'. Das gewinnende Meinungslager war das derer, die eine Entwicklung hin zum Sozialismus in der Bundesrepublik Deutschland befürworteten, darin einen ‚Fortschritt' sahen. Das verlierende Lage war das derjenigen, die den Sozialismus als Gefahr betrachteten (Tabelle 3).

Tabelle 3: Bereitschaft das Thema ‚Sozialismus' öffentlich zu diskutieren, August 1972

	Redebereitschaft derjenigen, die eine Entwicklung zum Sozialismus sehen als:	
Redebereitschaft im Eisenbahntest	Fortschritt n=229 %	Gefahr n=388 %
Gern unterhalten	53	28
Nicht unterhalten	41	61
Unentschieden	6	11
Summe	100	100

Quelle: Noelle-Neumann, 1974: 48, eigene Übersetzung

Die Tabelle zeigt, dass eine Mehrheit der Sozialismus-Befürworter sich gern darüber unterhalten würde (53 Prozent), während eine deutliche Mehrheit der Gegner es vorzieht, zu schweigen (61 gegenüber 28 Prozent).

Es folgte eine weitere Drittvariablenkontrolle.[13] Konnte es vielleicht sein, dass politisch Interessierte eher redebereit waren und auch eher den Sozialismus guthießen? Dann hätte die offensichtlich größere Redebereitschaft der Sozialismus-Befürworter vielleicht gar nichts mit dem Meinungsklima zu tun, sondern mit den speziellen Interessen eines Meinungslagers (Tabelle 4).

12 Diese Überlegungen sind im Artikel von 1974 so knapp dargestellt, dass sie kaum verständlich sind; das Buch von 2001 erklärt die Hintergründe der Drittvariablenkontrolle ausführlicher.

13 Heutzutage würde man nicht mehr mit einer Serie von Drittvariablenkontrollen arbeiten, sondern mit multiplen Regressionen, die den Einfluss einzelner Merkmale (z.B. politisches Interesse auf eine abhängige Variable (z.B. Redebereitschaft) errechnen.

Tabelle 4: Redebereitschaft, politisches Interesse und Sozialismus

	Politisch Interessierte, die eine Entwicklung zum Sozialismus sehen als:		Politisch nicht oder wenig Interessierte, die eine Entwicklung zum Sozialismus sehen als:	
Redebereitschaft im Eisenbahntest	Fortschritt n=282 %	Gefahr n=444 %	Fortschritt n=157 %	Gefahr n=368 %
Gern unterhalten	67	43	34	16
Nicht unterhalten	30	49	57	70
Unentschieden	3	8	9	14
Summe	100	100	100	100

Quelle: Noelle-Neumann, 1974: 48, eigene Übersetzung

Politisch nicht oder wenig interessierte Menschen sind zwar generell weniger redebereit, der durch die Zugehörigkeit zu einem Meinungslager verursachte Unterschied bleibt aber erhalten: Von den politisch interessierten Gegnern des Sozialismus würden 49 Prozent lieber schweigen, von den Befürwortern nur 30 Prozent. Bei den politisch nicht oder wenig Interessierten sind es 70 Prozent gegenüber 57 Prozent. Allerdings sind die Redebereiten bei den politisch nicht Interessierten generell in der Minderheit (Noelle-Neumann, 1974: 48).

Bei diesem Beispiel war für die Ermittlung des Meinungsklimas die Frage nach der zukünftigen Entwicklung verwendet worden – diejenigen, die den Sozialismus für eine Gefahr halten, waren ja faktisch in der Mehrheit (s. die absoluten Zahlen, sogenannte *n-Werte* in den Tabellen). Es lagen jedoch keine Trend- oder Paneldaten vor, die Auskunft über den wirklichen Verlauf hätten geben können. Im weiteren Verlauf des Aufsatzes von 1974 erläutert Noelle-Neumann, wie eine solche Zukunftserwartung aus einer Mehrheit (die sich ihrer Mehrheit nicht sicher ist) eine Minderheit werden kann und aus einer Minderheit (die zuversichtlich ist, zu gewinnen) eine Mehrheit werden kann, das klassische Szenario der Schweigespirale (Noelle-Neumann, 1974: 50). Am Schluss weist die Autorin noch darauf hin, dass bei der Entwicklung der öffentlichen Meinung vermutlich die Massenmedien eine gewichtige Rolle spielen, allerdings ohne Daten dazu zu präsentieren (Noelle-Neumann, 1974: 50-51). In dieser frühen Veröffentlichung fehlen ebenfalls die Voraussetzungen für Schweigespiralen; die zwölf von

Noelle-Neumann genannten Themen wurden damals zwar augenscheinlich heftig und emotional diskutiert (Noelle-Neumann, 1974: 46); einen empirischen Beleg dafür gibt es in dem Text jedoch nicht.

Elisabeth Noelle-Neumann stieß mit ihren Thesen vielfach auf Kritik und Unverständnis (z.B. Salmon & Kline, 1985; s. auch Kap. 2 & 5 dieses Buches). Sie veröffentlichte daher später mehrere Aufsätze mit Klarstellungen und empirischen Daten, die deutlich machen sollten, was öffentliche Meinung ist, und wie sie funktioniert. Zwei dieser Veröffentlichungen werden im Folgenden kurz vorgestellt.

Dem Osten vertrauen

Der Aufsatz „Advances in Spiral of Silence Research" erschien 1989 in "KEIO Communication Review" einer Fachzeitschrift der Keio-Universität in Tokio, Japan.[14] Er richtete sich an die internationale Forschergemeinschaft mit dem Ziel, Missverständnisse auszuräumen und den Stand der Entwicklung der Schweigespiralforschung zu präsentieren. Der Aufsatz enthält neben einer sehr ausführlichen Einleitung, die Noelle-Neumanns eigene Methoden erklärt, auch eine Anleitung für empirische Studien zur Schweigespirale (Noelle-Neumann, 1989: 20) und empirische Befunde. Besonders interessant ist dabei der zeitliche Aspekt, der die öffentliche Meinung als Prozess zeigt. Bei der Frage, ob man ‚dem Osten' trauen könne (es geht um das Verhältnis zur UdSSR und zum Warschauer Pakt in den 1980er Jahren, zur Hoch-Zeit des Kalten Krieges), zeigt sich eine Minderheit redebereit: 65 Prozent derer, die meinen, man könne dem Osten vertrauen (diese Gruppe war tatsächlich in der *Minderheit*), wollen im Eisenbahnabteil darüber sprechen, verglichen mit 30 Prozent auf der Seite derer, die dem Osten nicht vertrauen (Noelle-Neumann, 1989: 16). Die Autorin präsentiert dann eine Graphik, die zeigt, dass das Nachrichtenmagazin „Der Spiegel" in den 1970er Jahren eher negativ über die West-Seite des Konfliktes, speziell die NATO berichtete (Noelle-Neumann, 1989: 17). Schließlich zeigt sie, dass von 1982, über 1983, bis 1988 die Zahl derer, die meinen, man könne dem Osten trauen zu- und die Zahl derer, die meinen, man könne dem Osten nicht trauen, abnimmt. Sie schließt daraus, dass sich die tatsächlichen Meinungsverteilungen durch ein Zusammenspiel von Redebereitschaft und Medientenor in Richtung des redebereiteren Lagers verschieben (Noelle-Neumann, 1989: 18).

Diese Befunde zeigen, wie wichtig es ist, öffentliche Meinung im Zeitverlauf zu beobachten und die Medien mit einzubeziehen. Sie zeigen aber auch, dass die Forschung zur Schweigespirale eine schwierige Disziplin ist und keinesfalls alles so ist, wie es zu sein scheint – selbst bei

14 http://www.keio.ac.jp/

den Begründern der Theorie finden sich Unklarheiten in den publizierten Daten:

Noelle-Neumann zeigt die Daten zur Nato-Berichterstattung eines einzelnen Nachrichtenmagazins, ohne zu diskutieren, wie sich diese Berichterstattung konkret auf die Frage nach dem Vertrauen in den Osten auswirken soll. Derartige Wirkungen sind zwar plausibel (Kepplinger, 1998), es reicht jedoch nicht aus, lediglich parallele Entwicklungen aufzuzeigen, wenn kausale Zusammenhänge behauptet werden. Außerdem lässt die Autorin in diesem Fall eine wichtige Drittvariable außer Acht, die allerdings nichts mit den Eigenschaften der Befragten zu tun hat, sondern mit dem Lauf der Geschichte. Dass 1988 deutlich mehr Menschen meinten, man könne dem Osten vertrauen, ist vermutlich hauptsächlich darauf zurückzuführen, dass die UdSSR seit 1985 von Michail Gorbatschow regiert wurde, der eine wesentlich offenere (‚Glasnost') und weniger aggressive (‚Perestrojka') Politik vertrat als seine Vorgänger. Nicht jede Veränderung der öffentlichen Meinung muss auf eine Schweigespirale zurückgeführt werden, manchmal ändert auch die Weltpolitik die Meinungen der Menschen, ohne dass die Faktoren Redebereitschaft und Isolationsfurcht beteiligt sind.

Schweigende Mehrheit

Im Jahr 1994 ging Noelle-Neumann unter anderem auf ein Phänomen ein, das die Schweigespirale zunächst zu widerlegen schien: die schweigende Mehrheit. Die schweigende Mehrheit war in der ursprünglichen Ausgabe des Buches über die Schweigespirale nur am Rande erwähnt, auch in der englischen Ausgabe von 1984. Noelle-Neumann nutzte deshalb den Beitrag „Are We Asking the Right Questions? Developing Measurement from Theory: The Influence of the Spiral of Silence on Media Effects Research" (Noelle-Neumann, 1994), um das Problem der internationalen Forschergemeinschaft zu erläutern. Das Thema, bei dessen Untersuchung die schweigende Mehrheit auffiel, war die Frage, ob Mitglieder der Deutschen Kommunistischen Partei (DKP) Richter werden dürfen oder nicht (s. auch Noelle-Neumann, 2001: 297-298). Bei dieser Analyse greift die Autorin – anders als sonst üblich – auf ein erweitertes Analyseverfahren zurück. Sie untersucht nicht nur ob ein ganzes Meinungslager redet oder in Schweigen verfällt, sondern auch, ob die Befragten jeweils das Gefühl haben, zu einer Mehrheit oder einer Minderheit zu gehören. Die Problematik der Auswertung von Tabellen aus der Schweigespiralforschung wird weiter unten noch ausführlicher thematisiert. Tabelle 5 zeigt das Ergebnis der Analyse eines Eisenbahntests zum Thema ‚DKP-Mitglieder als Richter'.

Tabelle 5: Die schweigende Mehrheit

Redebereitschaft im Eisenbahntest	Die Mehrheit: Menschen, die *gegen* die Ernennung von DKP-Mitgliedern als Richter sind, und wissen, dass sie in der *Mehrheit* (56 Prozent) sind n=526 %	Die Minderheit: Menschen, die *für* die Ernennung von DKP-Mitgliedern als Richter sind, und wissen, dass sie in der *Minderheit* (16 Prozent) sind n=117 %
Gern unterhalten	26	57
Nicht unterhalten	66	36
Unentschieden	8	7
Summe	100	100

Quelle: Noelle-Neumann 1994: 108.

Die Anhänger der Mehrheit, die wissen, dass sie in der Mehrheit sind, ziehen es vor zu schweigen, während die Minderheit (die das auch weiß) redebereit ist. Das sieht aus wie eine klare Widerlegung der Schweigespirale. Noelle-Neumann begegnet dieser Interpretation unter Verweis auf mögliche Medienwirkungen. Auch eine Minderheit könne außerordentlich redebereit sein, wenn sie die Unterstützung der Massenmedien auf ihrer Seite habe (Artikulationsfunktion und Verleihen von Öffentlichkeit für einen einzelnen Standpunkt, s. oben) (Noelle-Neumann, 1994: 101-102). Die schweigende Mehrheit bedeutet für die Schweigespiral-Forschung zweierlei: Erstens ist die Modifikation der Schweigespirale durch die Massenmedien einer der Gründe, warum die Schweigespirale als Theorie der Medienwirkung gilt und besonders in der Kommunikationswissenschaft erforscht wird. Gäbe es Effekte wie die schweigende Mehrheit oder das doppelte Meinungsklima nicht, beschränkte sich die Reichweite der Theorie auf das Feld der Sozialpsychologie. Zweitens erweisen sich scheinbar der Theorie widersprechende Befunde auf den zweiten Blick manchmal als lehrreich, wenn man einen weiteren Aspekt – hier die Position der Massenmedien – berücksichtigt. Allerdings liegt hierin auch ein Problem für die empirische Überprüfung von Noelle-Neumanns Theorie: Wenn gegen Daten, die der Theorie widersprechen, immer wieder eine Zusatzargumentation ins Feld geführt wird (hier die Wirkung der Massenmedien, die die ‚normale' öffentliche Meinung in den Hintergrund treten lässt), wird die Theorie immun gegen Widerlegungen – und damit zu einem unwissenschaftliches Dogma. Allerdings hat Noelle-Neumann bei ihren Versuchen, die Theorie zu verteidigen nie den Fehler gemacht, unzulässige, weil empirisch nicht prüfbare Ad-Hoc Annahmen (vgl. Chalmers, 2007: 64-66) einzuführen. Ihre Ergänzungen waren stets empirisch prüfbare Hilfshypothesen, die grundsätzlich zulässig (Popper, 1994: 51) und für die Methodologie von Forschungsprogrammen im Sinne Imre Lakatos' sogar fester Bestandteil des Forschungsprozesses sind (s. oben, Kap 3). Für die sozialwissenschaftliche Praxis sind derartige Erweiterungen jedoch eher eine Behinderung: Nun müssen mehr Variablen als zuvor herangezogen und empirisch überprüft werden, wenn ein Fall gesucht wird, der von Noelle-Neumanns Theorie nicht erklärt wird.

1985: Kritik auf dem internationalen Parkett

Wie bereits erwähnt, war eine der ersten und eine der bis heute meistzitierten internationalen Auseinandersetzungen mit Noelle-Neumanns Theorie der Beitrag von Charles T. Salmon und F. Gerald Kline (1985) im Communication Yearbook 1984. Die Autoren dieses Beitrags kritisieren zunächst einige der Grundlagen, die Noelle-Neumann für die Entwicklung ihrer Theorie verwendet hat. So weisen sie darauf hin, dass das Experiment von Solomon Asch keineswegs eindeutig für Noelle-Neumanns Annahmen spricht (Salmon & Kline, 1985: 6-7). Ähnlich wie beim Asch-Experiment seien auch die von Noelle-Neumann herangezogenen Beispiele aus Arbeiten von Floyd H. Allport und das Zitat von John Locke (s. oben) auf Gruppensituationen bezogen (Salmon & Kline, 1985: 8). Allport hatte 1937 das Schneefegen auf dem Bürgersteig vor dem eigenen Haus als Beispiel für öffentliche Meinung genannt (Allport, 1937: 18). Wer den Schnee vor seinem Haus nicht räumt, wird von Nachbarn und Passanten keine gute Beurteilung erfahren. Und John Locke schreibt ebenfalls nicht von der anonymen Öffentlichkeit, die gesellschaftsweite Macht entfaltet: „[...]niemand, der noch einen Rest menschlichen Denkens und Fühlens in sich trägt, kann unter dem Druck einer beständigen Abneigung und Verachtung *seitens seiner Verwandten und Bekannten* in der Gesellschaft leben." (s.o., Hervorhebung nicht im Original). Die Kritik von Salmon und Kline ist durchaus zutreffend und die angesprochenen Probleme erschweren es bis heute, in Forschung und Lehre exakt zwischen Gruppenprozessen (die Noelle-Neumann eigentlich nur zur Illustration verwendet hat) und der anonymen, gesellschaftsweiten öffentlichen Meinung zu unterscheiden, die nach Noelle-Neumanns Auffassung Wahlen entscheiden kann.

Die Frage nach dem Verhältnis von gesellschaftsweiter öffentlicher Meinung und der Meinungsbildung durch Bezugsgruppen wie Freunde, Verwandte, Bekannte, beschäftigt Salmon und Kline auch in den weiteren Abschnitten ihrer Grundlagenkritik (Salmon & Kline, 1985: 10-13). Der nächste größere Abschnitt in der Kritik Salmon und Klines beschäftigt sich mit der Frage, ob Noelle-Neumanns Beobachtungen von 1974 nicht auch anders als durch die von ihr behauptete Umweltwahrnehmung aus Isolationsfurcht zu erklären sind. Die Autoren verwenden dabei Noelle-Neumanns eigene empirische Daten, interpretieren sie allerdings neu (Tabelle 6).

Tabelle 6: Einschätzungen hinsichtlich der Zustimmung zur Anerkennung der DDR im Jahre 1971

Meinungsklimaeinschätzung	Unterstützer einer Anerkennung der DDR n=847 %	Gegner einer Anerkennung der DDR n=884 %
Die meisten sind dafür	49	8
Die meisten sind dagegen	19	57
Ungefähr ausgeglichen	22	19
Unmöglich zu sagen	10	16
Summe	100	100

Quelle: Eigene Darstellung nach Noelle-Neumann, 1974: 49 und Salmon & Kline, 1985: 15.

Zum Verständnis der Argumente Salmon und Klines ist es nützlich zu wissen, dass die Schweigespirale nicht die einzige Theorie ist, die Differenzen zwischen wahrgenommenem Meinungsklima und durch demoskopische Umfragen gemessenen tatsächlichen Meinungsverteilungen zu erklären. *Looking-Glass-Perception* (Fields & Schuman, 1976) ist ein weiterer Ansatz auf diesem Gebiet (weitere finden sich bei Glynn et. al, 1999: 186, s. auch unten, im Abschnitt über verwandte und konkurrierende Ansätze): In Fällen von Looking-Glass-Perception glauben die Befragten, dass die meisten anderen ihre eigene Meinung teilen. Sie sehen die öffentliche Meinung quasi durch das Vergrößerungsglas ihrer eigenen Meinung.

Salmon und Kline vermuten nun, dass bei Noelle-Neumanns Tabelle von 1974 ein Fall von Looking-Glass-Perception vorliegt: ganz offensichtlich meint die relative Mehrheit der Anhänger der Anerkennung der DDR in Tabelle 6 (49 Prozent), dass die meisten ebenfalls dafür seien; gleiches zeigt sich bei den Gegnern, die zu 57 Prozent vermuten, die meisten dächten wie sie selbst. Tatsächlich ist es bei der Interpretation empirischer Daten nicht immer einfach zu entscheiden, welche vorhandenen Ansätze in Frage kommen. Einerseits ist Noelle-Neumanns Tabelle in der Tat nicht geeignet, ihre Annahme einer – letztlich durch Redebereitschaft oder Massenmedien verzerrten – Umweltwahrnehmung zu unterstützen. Andererseits hatte die Tabelle in Noelle-Neumanns Aufsatz von 1974 hauptsächlich den Zweck deutlich zu machen, dass im Zweifel für die Redebereitschaft die Erwartungen für die Zukunft ausschlaggebend sind (Noelle-Neumann, 1974: 50).

Auch der nächste Schritt der kritischen Analyse Salmon und Klines zieht empirische Daten Noelle-Neumanns heran, um Kritik an deren Interpretation der Daten zu üben. Es geht um die Last-Minute-Swing-Analysen, wie sie weiter oben auch in diesem Buch verwendet wurden. Salmon und Kline (1985: 15-16) diskutieren hier das Problem, dass es wissenschaftlich äußerst problematisch ist, aus parallelen Entwicklungen oder Korrelationen zu einem gegebenen Zeitpunkt, Kausalschlüsse zu ziehen. Das geht nur mit Hilfe von Paneldesigns oder experimentellen Untersuchungsanlagen, und auch dort kann es zu Irrtümern und Fehlschlüssen kommen (vgl. Salmon, 1998; Roessing & Esser, 2004). Noelle-Neumann verwendet in ihren ursprünglichen Veröffentlichungen allerdings weder Paneldaten, noch Experimente. Salmon und Kline sprechen hier ähnliche Probleme an, wie sie oben für einige der Veröffentlichungen von Noelle-Neumann aufgezeigt wurden: Oft sind die Daten (sowohl Zeitreihen, aber auch Korrelationen, beispielsweise zwischen Meinungsklimawahrnehmung und Redebereitschaft) nicht mit jener Sicherheit zu interpretieren, die wissenschaftlich wünschenswert wäre.

Das Problem der Korrelation zwischen Meinungsklimawahrnehmung und Redebereitschaft ist der dritte und letzte Kritikbereich aus der Arbeit von Salmon und Kline, auf den hier genauer eingegangen wird. Eine zentrale Hypothese Noelle-Neumanns ist, dass Menschen in Schweigen verfallen, wenn sie *den Eindruck haben* in der Minderheit zu sein. Elisabeth Noelle-Neumann berücksichtigt das bei ihren Analysen jedoch normalerweise nicht. Sie vergleicht das Meinungslager, das als Ganzes (‚Aggregatdaten') als Minderheit (oder auf längere Sicht verlierend) wahrgenommen wird mit dem wahrgenommenen Mehrheitslager. Ob der einzelne Befragte sich gerade in der Mehrheit oder der Minderheit wähnt (‚Individualdaten') wird nicht berücksichtigt. Mit Hilfe von Daten aus Noelle-Neumanns Aufsatz über Kumulation und Konsonanz von 1973 kritisieren Salmon und Kline (1985: 22) diese Vorgehensweise (Tabelle 7). Thema der Befragung war die Festsetzung des Blutalkohol-Limits für Autofahrer auf 0,8 Promille im Jahr 1973. Ob es sich um ein moralisch aufgeladenes Thema handelte, wurde nur vermutet, jedoch – wie in so vielen Studien, auch von Noelle-Neumann – nicht empirisch geprüft. Eine solche Regelung begrüßten in einer Umfrage vom April 1972 75 Prozent der Befragten, 17 Prozent lehnten sie ab, acht Prozent waren unentschieden (Salmon & Kline, 1985). Allensbach befragte zu diesem Thema nur Autofahrer.

Tabelle 7: Redebereitschaft nach wahrgenommener und tatsächlicher Mehrheit und Minderheit zur ‚Promillegrenze' beim Autofahren

	Tatsächliche Mehrheit (Unterstützer der neuen Promillegrenze) die glauben, sie seien in der...		Tatsächliche Minderheit (Gegner der neuen Promillegrenze) die glauben, sie seien in der...	
Redebereitschaft im Eisenbahn- bzw. Partytest**	Mehrheit	Minderheit	Mehrheit*	Minderheit
	n=748	n=271	n=198	n=47
	%	%	%	%
Es würden widersprechen und die eigene Meinung begründen	79	75	78	53
Nicht widersprechen	14	20	19	45
Keine Angabe	7	5	3	2
	100	100	100	100

* Die Reihenfolge der unabhängigen Variablen im Tabellenkopf wurde hier der Übersichtlichkeit wegen gegenüber dem Original abgewandelt.
** Die Problematik des Partytests war 1973 offenbar noch nicht bekannt.

Quelle: Nach Noelle-Neumann, 1973: 49

Diese Tabelle enthält einige Zahlen, die näherer Betrachtung bedürfen: Zum einen fällt die Wirkung der bloßen Zugehörigkeit zum Mehrheitslager (also Noelle-Neumanns bevorzugter Analyseansatz) unmittelbar auf: 75 Prozent derjenigen Anhänger des Siegerlagers, die glauben, sie seien in der *Minderheit*, wollen *dennoch* reden. Andererseits scheint diese Wirkung der Lagerzugehörigkeit die Wirkung der individuellen Vermutung über die Meinungslagerzugehörigkeit nicht völlig zu unterdrücken: Beim unterlegenen Lager ist die Redebereitschaft bei denen, die glauben in der Mehrheit zu sein (78%) genau so groß wie bei der entsprechenden Gruppe des Mehrheitslagers (79%). Insgesamt kommt die geringere Redebereitschaft des unterlegenen Lagers durch diejenigen zustande, die in der Minderheit sind und das auch wissen (53% redebereit, 45% nicht redebereit). Nun stellt sich aber als weitere Frage, warum diejenigen, die dem Minderheitslager angehören und das auch wissen, immer noch *mehrheitlich* redebereit sind. Salmon und Kline weisen zu Recht darauf hin, dass hier Klärungsbedarf besteht, auch vor dem Hintergrund, dass Noelle-Neumanns Analysen meistens nicht auf Individualdaten über tatsächliches Meinungslager und wahrgenommene Mehrheitsmeinung gegründet sind, obwohl eine der zentralen Thesen der Schweigespirale genau das nahelegt. Die Problematik des ‚psychologischen' Analysemodells (Individualdaten über das Gefühl in der Mehr- oder Minderheit zu sein) und des ‚soziologischen' Modells[15] (Aggregatdaten über die Zugehörigkeit zum gewinnenden oder verlierenden Meinungslager) findet sich in zahlreichen Publikationen aus aller Welt wieder und wird auch in diesem Buch immer wieder angesprochen.

15 Die Bezeichnungen gehen auf Donsbach/Stevenson (1986) und Donsbach (1987) zurück, siehe auch Kasten „Modell".

Modell

Modell 7: Psychologisches und soziologisches Analysemodell

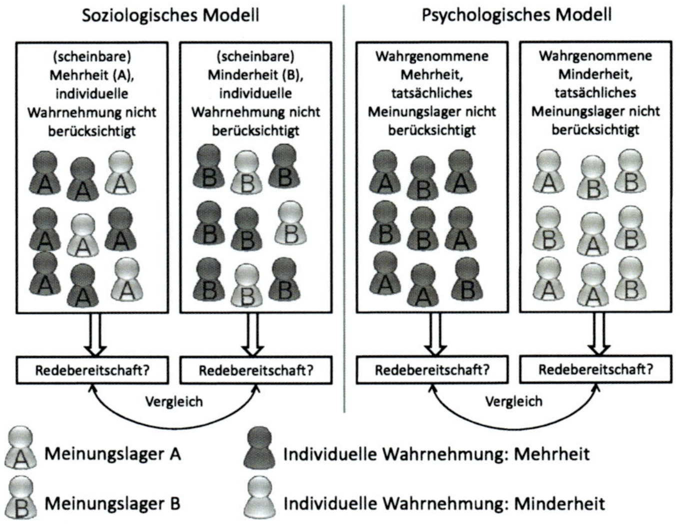

Hinweise zum Lesen des Modells:

- Soziologische Analyse (links): Die Menschen verfügen zwar über ihre individuellen Wahrnehmungen in der Mehrheit (dunkel) oder in der Minderheit (hell) zu sein, das wird beim Vergleich der Redebereitschaft aber nicht berücksichtigt, sondern nur die Meinungslager (A und B) verglichen
- Psychologische Analyse (rechts): Die Meinungslagerzugehörigkeit (A oder B) ist tatsächlich vorhanden, für den Vergleich der Redebereitschaft werden aber nur die Grautöne, also die individuelle Wahrnehmung in der Mehr- oder Minderheit zu sein, betrachtet.

Elisabeth Noelle-Neumann antwortete in demselben Buch, in dem der Aufsatz von Salmon und Kline erschienen war auf die Kritik (Noelle-Neumann, 1985). Gegen die Kritik an ihrer Interpretation des Asch-Experimentes wendet sie ein, dass der Meinungsdruck bei moralisch aufgeladenen Themen viel größer sei als bei Aschs Linienvergleichen. Sie belegt allerdings nicht, warum Aschs Experimente gerade deshalb auf öffentliche Meinung übertragbar seien, weil sie etwas ganz anderes untersucht haben. Hinsichtlich des Verweises auf die Looking-Glass-Perception räumt Noelle-Neumann ein, dass dieses Phänomen häufig vorkommt, auch bei Schweigespiralen. Sie argumentiert jedoch, dass es auf die Veränderung der Meinungsklimawahrnehmung ankomme, die auch innerhalb der von Looking-Glass-Perception betroffenen Meinungslager nachweisbar sei (Noelle-Neumann, 1985: 73-75). Dabei präsentierte sie größtenteils dieselben Daten, die sie schon früher in ihrem Buch und später in den oben bereits besprochenen Aufsätzen verwendet hat. Zusätzlich weist Noelle-Neumann auf den Nutzen auch theoretischer Literaturforschung und den erheblichen weiteren Forschungsbedarf auf dem Gebiet der sozialen Natur des Menschen und der öffentlichen Meinung hin. An beidem hat sich bis heute nicht viel geändert.

Wolfgang Donsbach und Robert L. Stevenson veröffentlichten 1986 in der deutschen Fachzeitschrift „Publizistik" einen Aufsatz über „Herausforderungen, Probleme und empirische Evidenzen" der Theorie der Schweigespirale (Donsbach & Stevenson, 1986). Mit dem Aufsatz verfolgten die beiden Autoren zwei Ziele. Erstens sollten theoretische Probleme und Unklarheiten hinsichtlich der Theorie der öffentlichen Meinung beseitigt werden. So geht die Feststellung, dass die Theorie der öffentlichen Meinung eine ‚Theorie mittlerer Reichweite' ist, auf den Aufsatz von Donsbach und Stevenson zurück. Theorien mittlerer Reichweite sind in den Sozialwissenschaften weit verbreitet, weil sich menschliches Verhalten selten vollständig mit einer einzigen Ursache oder einer unverzweigten Kette von Ursachen erklären lässt. Das wissenschaftstheoretische Konzept der mittleren Reichweite geht auf den US-amerikanischen Soziologen Robert King Merton zurück: Test in North Carolina

> *„Theorien, angesiedelt zwischen den kleinen Arbeitshypothesen, die während der alltäglichen Forschungsroutinen im Überfluss entwickelt werden, und den allumfassenden Spekulationen einschließlich eines theoretischen Globalschemas, von dem man eine große Anzahl empirisch beobachteter Gleichförmigkeiten des sozialen Verhaltens herzuleiten hofft."* (Merton, 1995: 3)

Anekdoten

Robert King Merton ist nicht nur für das Konzept der mittleren Reichweite von Theorien bekannt, sondern auch für seine Arbeit über Zufallsfunde in der Wissenschaft und den Begriff der Selffulfilling Prophecy (selbsterfüllende Prophezeiung, z.B. wenn die Vorhersage einer Bankenkrise die Menschen dazu bringt, ihr Geld von der Bank abzuheben, was dann tatsächlich eine Bankenkrise auslöst). Geboren wurde Merton aber unter einem ganz anderen Namen, nämlich als Meyer Robert Schkolnick. Als junger Mann betätigte er sich als Zauberer und nannte sich passenderweise Robert King Merlin. Aus dem Zauberer Merlin wurde später der Soziologe Merton.[16]

Donsbach und Stevenson setzen sich außerdem mit der Frage auseinander, wie die Bezugsgruppen des Individuums mit der Schweigespirale zu tun haben und sprechen das im vorangegangenen Abschnitt schon erwähnte Problem des soziologischen und psychologischen Analysemodells an. Im fünften Abschnitt ihres Aufsatzes stellen die Autoren dann die Ergebnisse einer eigenen Studie vor, die in North Carolina in den USA durchgeführt wurde. Dabei versuchen sie, möglichst alle zuvor diskutierten theoretischen Aspekte zu berücksichtigen.

Das Thema der Studie war die Frage nach der Einstellung zu einem Verfassungszusatz (‚Amendment'), der die Abtreibung grundsätzlich verbieten sollte. Das Thema erschien den Autoren damals (die Untersuchung fand im Oktober 1982 statt) als kontrovers, aktuell und moralisch geladen (was allerdings nicht empirisch überprüft wurde). Für ihren Test erhoben Donsbach und Stevenson im Rahmen einer repräsentativen Befragung der Bürger North Carolinas, die regelmäßig von der School of Journalism der Universität in Chapel Hill durchgeführt wurde, folgendes (Donsbach & Stevenson, 1986, 22):

- Eigene Meinung der Befragten (zwei Fragen)
- Einschätzung der Meinungsverteilung in North Carolina
- Einschätzung der zukünftigen Meinungsentwicklung zu dem Thema
- Öffentliche Redebereitschaft, operationalisiert mit dem Reportertest (s. Kapitel 3 in diesem Buch)

Zunächst stellten die Interviewer die Frage nach der generellen Einstellung gegenüber Abtreibung. Wer hier strikt oder eingeschränkt gegen Abtreibung antwortete, wurde weiter gefragt, ob er einen Verfassungszusatz gegen Abtreibung befürworte oder ablehne. Sechzig Prozent dieser Befragten waren gegen einen Verfassungszusatz, etwa ein Drittel war dafür. Dreizehn Prozent der Befragten befürworteten eine uneingeschränkte Legalisierung von Abtreibung. Die Einschätzung der Meinungsverteilung erhob die Studie mit der Prozentfrage (s. oben, Kap. 3).[17] Sie wurde allerdings in größere Gruppen zusammengefasst ausgewertet (mehr als 50 Prozent, genau die Hälfte, weniger als 50 Prozent), sodass die Nachteile dieser Fragetechnik nicht so ins Gewicht

16 http://agso.uni-graz.at/lexikon/klassiker/merton/33bio.htm; http://www.asanet.org/footnotes/mar03/indextwo.html.

17 „Leaving aside your own view: what percent of the people in NC would you estimate favor an amendment" (Donsbach & Stevenson, 1986: 23).

fallen (vgl. Roessing, 2009: 132-135). Es zeigte sich einerseits, dass die Looking-Glass-Hypothese auch bei diesem Thema zutrifft: Diejenigen, die selbst für ein Amendment sind, glauben häufiger, dass das die Mehrheitsmeinung sei, gleiches gilt für die Gegner. Beide Lager schätzen die Meinungsverteilung durch das Vergrößerungsglas ihrer eigenen Meinung ein (Donsbach & Stevenson, 1986: 23). Allerdings gibt es auch Befunde, die sich nicht durch die Looking-Glass-Perception erklären lassen: Die Befürworter des Amendments (Minderheit), sind sich ihrer Unterstützung durch die Mehrheit weitaus sicherer, als die Gegner (Mehrheit), die Anhänger erscheinen im Meinungsklima stärker als sie es wirklich sind: eine klassische Schweigespiral-Situation (Donsbach & Stevenson, 1986: 24). Diese Beobachtung wird auch durch die Frage nach dem zukünftigen Meinungsklima gestützt. Donsbach und Stevenson schließen daraus:

> *„Diejenige Meinung, die stärker erscheint, als sie es in Wirklichkeit ist, wird auch von ihren Anhängern mit einer größeren Sicherheit als die dominierende Meinung angesehen, sowohl aktuell als auch in der Zukunft. Während die einen in ihrer Umwelteinschätzung gespalten, unsicher sind, glauben sie, daß die meisten Menschen ihre Ansicht teilen." (Donsbach & Stevenson 1986: 24).*

Ein Vergleich mit soziodemographischen Merkmalen wie Bildung und Beruf oder Wohnort in der Stadt oder auf dem Land zeigt, dass für die Meinungsklimawahrnehmung einerseits neben der eigenen Meinung auch soziale Faktoren eine Rolle spielen, andererseits spricht die insgesamt starke ‚sozialoptische Täuschung' zugunsten der Befürworter eines Verfassungszusatzes für ein Phänomen der öffentlichen Meinung (Donsbach & Stevenson, 1986: 28).

Grundsätzlich bestätigt sich die Vermutung, dass hier ein Prozess der öffentlichen Meinung vorliegt, auch bei der Untersuchung der Redebereitschaft mit dem Reportertest.[18] Allerdings treten hierbei auch neue Rätsel und Herausforderungen für die Theorie der Schweigespirale zutage. Die Autoren verwenden nacheinander das soziologische und das psychologische Analyseverfahren.

Ergebnisse des soziologischen Verfahrens

Der Vergleich der Meinungsfraktionen zeigt, dass die Mehrheit (die jedoch als Minderheit, als Verliererfraktion wahrgenommen wird!), also die Gegner eines Verfassungszusatzes, weniger redebereit ist, als

18 „Suppose a Tv reporter with a camera and a microphone were interviewing people on the street about whether there should be a constitutional amendment to ban abortion. Would you be willing to say what you think or would you prefer not to?" (Donsbach & Stevenson, 1986: 29).

die Minderheit (die jedoch das Meinungsklima beherrscht und als Mehrheit wahrgenommen wird!). Das entspricht den Annahmen der Theorie der öffentlichen Meinung. Allerdings zeigt sich die kleine Gruppe der Befürworter uneingeschränkter Abtreibung als die Fraktion mit der größten Redebereitschaft. Durch das Fehlen mehrerer Messzeitpunkte muss unklar bleiben, ob es sich hier um einen echten ‚harten Kern' im Sinne der Theorie handelt (Donsbach & Stevenson, 1986: 28), oder um ein anderes Phänomen, das etwas mit der individuellen Stärke der Überzeugungen zu tun hat (s. u.).

Ergebnisse des psychologischen Verfahrens

Die Befunde des psychologischen Verfahrens (hier durch die Autoren dankenswerterweise zusätzlich aufgeschlüsselt nach tatsächlichen Meinungslagern, was in der Forschungsliteratur selten ist) sind in Tabelle 8 wiedergegeben.

Tabelle 8: Redebereitschaft nach Meinungslagern und individueller Überzeugung in der Mehr- oder Minderheit zu sein

	Befürworter eines Verf.-Zusatzes (gewinnende Fraktion)		Gegner eines Verf.-Zusatzes (verlierende Fraktion)	
Redebereitschaft (Reportertest)	Glaube, selbst in der Mehrheit zu sein	Glaube, selbst in der Minderheit zu sein	Glaube, selbst in der Mehrheit zu sein	Glaube, selbst in der Minderheit zu sein
	n=96	n=27	n=119	n=103
	%	%	%	%
Redebereit	82	63	66	77
Nicht redebereit	17	33	34	21
Weiß nicht	1	4	-	2
Summe	100	100	100	100

Quelle: Nach Donsbach & Stevenson, 1986: 29.

Bei den Befürwortern des Verfassungszusatzes zeigt sich das von der Theorie der Schweigespirale vorhergesagte Bild: Die gewinnende Fraktion ist redebereit und das noch mehr, wenn die Befragten sich selbst in der Mehrheit wähnen. Bei der verlierenden Fraktion zeigt sich dagegen ein Rätsel: Am redebereitesten sind diejenigen Verlierer, die auch noch glauben, in der Minderheit zu sein. Insgesamt zeigt die Studie von Wolfgang Donsbach und Robert L. Stevenson, dass öffentliche Meinung einerseits ein mehrdimensionales Konstrukt ist, an der neben den von Noelle-Neumann postulierten Prozessen weitere Faktoren wie die Looking-Glass-Perception, soziodemographische Faktoren oder ohne Weiteres nicht erklärbare Phänomene beteiligt sind. Andererseits haben die beiden Autoren in North Carolina einen deutlichen Hinweis darauf gefunden, dass eine Minderheit siegessicherer Menschen durchaus das Meinungsklima dominieren und so zumindest die Grundlage für einen Prozess der Schweigespirale bilden kann.

Öffentliche Meinung in Israel

Offene gesellschaftliche Konflikte begünstigen das Auftreten von Schweigespiralen (Noelle-Neumann, 2001: 198-199). Im Umfeld des Nahostkonfliktes Prozesse der öffentlichen Meinung zu erforschen liegt deshalb nahe. Jacob Shamir hat in den 1990er Jahren mehrere Aufsätze zur öffentlichen Meinung in Israel veröffentlicht. Einige der Ergebnisse erhellen die zuvor ungeklärte Frage, warum sich manchmal gerade die Minderheiten, die wissen, dass sie in der Minderheit sind, besonders redebereit zeigen – wie in der zuvor besprochenen Studie von Donsbach und Stevenson.

Shamir beschäftigte sich in seinem Aufsatz von 1993 mit Daten aus einer mündlichen Befragung von 1174 Menschen in Israel, durchgeführt im Mai 1988 (Shamir, 1993: 24-25). Zu den Themen der Umfrage gehörten verschiedene Aspekte des Nahostkonfliktes (Shamir, 1993: 25-27):

- Zukunft der von Israel besetzen Gebiete (‚Land für Frieden')
- Möglichkeit eines palästinensischen Staates
- Änderungen der Besiedelungsstruktur
- Einführung einer geschriebenen Verfassung für den Staat Israel
- Gerechtigkeit des Militärdienstes.

Shamir fragte für alle Themen nach der Einschätzung des Meinungsklimas. Für das Thema der besetzen Gebiete wurde als Indikator für die zukünftige Entwicklung nach dem vermuteten Ausgang eines Referendums gefragt. Dabei wurde anstelle der dichotomen Frage nach Mehrheit und Minderheit die Prozentfrage gestellt.

Shamir fand einen sogenannten Conservative-Bias: Mehr Menschen vermuten die Mehrheit bei der konservativen Position (z.B. gegen einen eigenen Palästinenserstaat) als bei der liberalen Alternative. Bei anderen Themen zeigte sich hingegen ein Liberal-Bias, also das Überschätzen der liberalen Positionen (Shamir, 1993: 30). Jacob Shamir untersuchte als nächsten Schritt die Rolle der Looking-Glass-Perception, also der Vermutung, dass die eigene Meinung die Mehrheitsmeinung sei. Shamir fand, dass dieser Effekt jeweils bei den Minderheiten aller seiner Themen besonders stark ausgeprägt war, am schwächsten noch bei der Frage nach dem Staat für die Palästinenser, am stärksten bei der Frage zur Wehrgerechtigkeit. Fälle, in denen Anhänger von Minderheiten ihre Meinung für die der Mehrheit halten, sind ein geeigneter Startpunkt für Schweigespiralen. Shamir stellt explizit die Frage, inwieweit hier eine öffentliche Meinung nach Noelle-Neumann vorliegen könnte (Shamir, 1993: 36). Untersuchen konnte er es mit den damaligen Daten jedoch nicht, weil er nicht erhoben hatte, wie redebereit die Anhänger der verschiedenen Lager bzw. die Menschen, die sich jeweils in der Mehr- oder Minderheit fühlten, waren. Die Gelegenheit das näher zu untersuchen, hatte er einige Jahre später, in einer Paneluntersuchung aus den Jahren 1991 und 1992, deren Befunde Shamir 1997 veröffentlichte (Shamir, 1997).

‚Hawks' und ‚Doves'

Jacob Shamir untersuchte in dieser Studie das Thema ‚Land für Frieden'. Es gilt in Israel als umstritten, emotional aufgeladen und durch die Berichterstattung der Massenmedien gut abgedeckt (einen empirischen Beleg dafür legt Shamir jedoch nicht vor) (Shamir, 1997: 603).

1991 und 1992 gab es in Israel Schwankungen, sowohl im Meinungsklima (wahrgenommener Mehrheit oder Minderheit) als auch bei der tatsächlichen Zusammensetzung der Meinungslager. Im Oktober 1991 waren 47 Prozent Gegner des Tausches ‚Land für Frieden' (im Folgenden kurz ‚Hawks', ‚Falken' genannt), 53 Prozent bezeichneten sich als Befürworter (‚Doves', ‚Tauben'). Im September 1992 hatte sich der Unterschied auf 43 Prozent für die Hawks und 57 Prozent für die Doves vergrößert. Das ist zwar insgesamt keine sehr deutliche Meinungsänderung, diese Entwicklung wurde aber begleitet von erheblichen Veränderungen im Meinungsklima: Im Jahr 1991 glaubten 50 Prozent der Befragten, dass die Mehrheit auf der Seite der Hardliner, der Hawks stehe. Lediglich 25 Prozent sahen eine Mehrheit bei den Doves (Shamir, 1997: 603). Im Jahr darauf, 1992, vermuteten 40 Prozent der Befragten, die Doves seien in der Mehrheit und nur noch 38 Prozent nahmen an, dass die Hawks die Mehrheitsfraktion seien.

Shamir fragte auch nach der zukünftigen Entwicklung des Meinungsklimas (Shamir, 1997: 612). Im Jahr 1991 rechneten 47 Prozent mit einem Trend in Richtung einer Mehrheit der Hawks. 1992 erwarteten dies nur noch 38 Prozent. Hinzu kommt, dass es 1991 eine Likud-Regierung (Lager der Hawks) gab, 1992 war dann die gemäßigte (‚Doves') Arbeiterpartei an der Macht (Shamir, 1997: 604). Jacob Shamirs Hypothese ist, dass die Hawks 1991 aufgrund des für sie positiven Meinungsklimas redebereiter sein müssten als die Doves und dass 1992, nach erfolgtem Umschwung des Meinungsklimas, die Doves die stärkere Redebereitschaft zeigen müssten. Im direkten Vergleich der Meinungslager (dem eher ‚soziologischen' Verfahren, das die individuelle Meinungsklimawahrnehmung jedoch ausklammert), zeigt sich allerdings das Gegenteil: Bei allen drei Tests der Redebereitschaft, die Jacob Shamir einsetzte – eine Spielform des Bustests, einen Reportertest und eine Frage nach der Bereitschaft öffentlich zu demonstrieren (Shamir, 1997: 612) – zeigen sich die Doves 1991 und die Hawks 1992 redebereiter. Allerdings besteht allgemein eine hohe Redebereitschaft auf beiden Seiten (Shamir, 1997: 604). Ähnliches zeigt sich bei einer Auswertung der Redebereitschaft nach individuell wahrgenommener Mehrheitsmeinung (psychologisches Verfahren). Zwar sind – wie nach der Theorie zu erwarten – die Anhänger eines Meinungslagers, die glauben, in der Mehrheit zu sein, meistens redebereiter (obwohl es hier Unterschiede je nach verwendetem Indikator für die Redebereitschaft gibt). Die Redebereitschaft ist aber jeweils insgesamt, jeweils bei dem Lager größer, bei dem man aufgrund der Meinungsklimaindikatoren das Gegenteil erwarten würde (Shamir, 1997: 605-606).

In einer statistischen Analyse fand Shamir heraus, dass andere Faktoren als das Meinungsklima einen größeren Einfluss auf die Redebereitschaft haben.

> *„In all regressions the most potent variables are indicators of involvement in politics, measured by general tendency to participate, knowledge, and the intensity of one's position on the issue of contention [...]" (Shamir, 1997: 609).*

Soweit liegt mit der Untersuchung von Shamir eine Studie vor, die zunächst gegen die Theorie der öffentlichen Meinung zu sprechen scheint. Allerdings spricht nichts dagegen, die Theorie an spezielle Gegebenheiten (z.B. den heftigen Nahostkonflikt) anzupassen – solange das nicht willkürlich, sondern nach den Regeln der empirischen Forschung geschieht (vgl. Roessing, 2009: 41-44). Eine solche Anpassung könnte hier durch die Integration der *Involvement-Forschung* in die Forschung zur Schweigespirale bestehen. Unter Involvement versteht man das Ausmaß, in dem ein Individuum an einem Prozess aktiv teilnimmt, sich aktiv mit etwas auseinandersetzt (Donnerstag, 1996: 30). In der Kommunikationswissenschaft wird der Begriff meistens im Zusammenhang mit der Persuasionsforschung (z.B. Werbewirkungsforschung, Wahlwerbung etc.) verwendet. Verschiedene Wissenschaftler nehmen an, dass Medienbotschaften anders verarbeitet werden, wenn ein Mensch hoch involviert ist, als wenn der Gegenstand der Botschaften ihm mehr oder weniger egal ist. Inzwischen haben die Studien von Shamir, aber auch Untersuchungen zur Volkszählung (s. oben, Kap. 3) gezeigt, dass das Involvement offenbar auch die Redebereitschaft beeinflusst. Es ist deshalb naheliegend, die Hypothesen über die Schweigespirale entsprechend zu ergänzen:

- Die Neigung, angesichts eines feindlichen Meinungsklimas seine Meinung eher zu verschweigen, wird durch hohes Involvement verringert.

Die genauen Mechanismen und Bedingungen, unter denen dieser Zusatz gilt, müssen in der Zukunft noch sehr genau untersucht werden. Es ist allerdings auf jeden Fall so, dass eine asymmetrische Verteilung des emotionalen Potentials zwischen den Meinungslagern (der einen Seite ist das Thema egal, während das andere Lager vor Enthusiasmus brennt) dazu führt, dass Schweigespiralen anders ablaufen als vom Noelle-Neumannschen Ansatz vorhergesagt.

Präsidentenwahl in den USA 1992

Es ist sehr nützlich Zeitreihendaten zu verwenden um Schweigespiralen zu erforschen, weil sich solche Prozesse üblicherweise nicht plötzlich, sondern über einen längeren Zeitraum vollziehen. Ideal wären Paneldaten (wiederholte Befragung derselben Menschen), aber auch Trenddaten (mehrere Befragungen unterschiedlicher Menschen derselben Grundgesamtheit) können helfen, mehr über eine Schweigespirale zu erfahren. Das gilt vor allem dann, wenn es für denselben Zeitraum auch Informationen über die Medienberichterstattung und ihre Wahrnehmung durch die Bevölkerung gibt. Eine solche Konstellation liegt mit den Studien zur US-Präsidentenwahl 1992 von Cheryl Katz und Mark Baldassare (1994), sowie Everett Carll Ladd (1993) vor.

Im Jahr 1992 traten Präsident George Bush (Senior) und Herausforderer Bill Clinton gegeneinander an. Ross Perot war ein dritter Kandidat, der letztlich auch den dritten Platz bei der Wahl belegte. Katz und Baldassare hatten die Möglichkeit – unterstützt von einer Zeitung – mehrere Telefonbefragungen in Orange County in Kalifornien durchzuführen. Dort herrscht üblicherweise ein konservatives Meinungsklima vor, das also Bush (Republikaner) gegenüber Clinton (Demokrat) begünstigen sollte. Die Telefoninterviews mit jeweils 600 registrierten Wählern wurden im Mai, September und Oktober 1992 durchgeführt, die letzte Erhebung fand also direkt vor der Wahl statt. Die Redebereitschaft der Befragten wurde mit Hilfe des Reportertests gemessen (Katz & Baldassare, 1994: 4-6) – hier gelten die gleichen methodischen Bedenken wie schon oben bei Donsbach & Stevensons Studie dargelegt: Der Reportertest ist sehr streng, auch eigentlich redebereite Menschen möchten ihre Meinung nicht unbedingt zusammen mit ihrem Namen in den Massenmedien sehen. Bushs Beliebtheit blieb über die drei Erhebungen relativ stabil (36, 33 und 34 Prozent), während Clinton seine Beliebtheit von 16 Prozent im Mai 1992 auf 35 Prozent im

September und Oktober steigern konnte. Ross Perot dagegen verlor ca. 20 Prozentpunkte (42, 22 und 24 Prozent) (Katz & Baldassare, 1994: 5-6). Die Autoren verglichen nun die Redebereitschaft der Anhänger der drei Kandidaten (sie verwendeten also das soziologische Analysemodell, s. oben). Tabelle 9 zeigt die Entwicklung der Redebereitschaft in den drei Untersuchungswellen.

Tabelle 9: Redebereitschaft in Orange County 1992

„Would you be willing to talk about these questions with a *Los Angeles Times* reporter and have your name appear in the newspaper?" – Redebereitschaft in Prozent

	Anhänger Bush %	Anhänger Clinton %	Anhänger Perot %	Summe %	Signifikanz (Chi²)
Mai 1992	30	42	45	39	.001
September 1992	35	49	38	41	.01
Oktober 1992	48	46	52	48	n.s.
Summe	38	46	45	43	.001

Quelle: Eigene Zusammenstellung nach Katz & Baldassare, 1994: 7. 600 Menschen wurden jeweils befragt.

Im Oktober 1992, kurz vor der Wahl, gibt es keine überzufälligen Unterschiede in der Redebereitschaft der beteiligten Lager mehr. In den beiden früheren Befragungen erscheinen die Anhänger des konservativen Kandidaten Bush im eigentlich konservativ geprägten Orange County deutlich weniger redebereit als die Anhänger der beiden anderen Kandidaten. Im September führen die Anhänger Clintons deutlich mit 49 Prozent Redebereitschaft vor dem Lager Perots (38 Prozent) und Bushs (35 Prozent).

Katz und Baldassare versuchten mit Analysen einer weiteren Frage, nämlich der, ob man einen Kandidaten gut („favorable") oder nicht so gut („unfavorable") finde, die Befunde besser zu erklären. Sie fanden heraus, dass Unterstützung für George Bush zu geringerer Redebereitschaft führte, während das für Clinton oder Perot nicht so war. 39 Prozent derer, die Bush gut fanden, waren redebereit, aber 46 Prozent derer, die ihn nicht gut fanden. Auch diese Unterschiede verschwinden im Oktober kurz vor der Wahl (Katz & Baldassare, 1994: 8). Die Autoren schließen, dass sie in den Monaten vor der Wahl tatsächlich eine Schweigespirale gegen das Lager von George Bush Sen. beobachtet haben. Sie wundern sich allerdings über die hohe Redebereitschaft der Anhänger des Außenseiter-Kandidaten Ross Perot und das Annähern der Redebereitschafts-Werte kurz vor der Wahl. Während ersteres möglicherweise mit dem schon im Zusammenhang mit den Befunden Jacob Shamirs diskutierten Involvement-Effekt zusammenhängen könnte (ohne dass dies allerdings mit den vorliegenden Daten zu belegen wäre), könnte letzteres ein Medieneffekt sein. Wie haben die Medien in den Monaten vor der Wahl über die Kandidaten berichtet? Und welche Vorstellung haben die Menschen von entscheidenden Zuständen im Land? Es gibt zwar keine Daten speziell für Orange County, die direkt mit denen von Katz und Baldassare kombiniert werden könnten, allerdings hat Everett Carll Ladd 1993 anhand externer Daten eine Analyse der Wirtschafts-Berichterstattung und der entsprechenden Vorstellungen in der Bevölkerung während des Wahlkampfes vorgelegt. Das erlaubt es zumindest plausible Vermutungen über eine Wirkung der Medien im US-Wahlkampf 1992 zu formulieren. In den USA wird ein amtierender Präsident – wie George Bush Sen. im Jahre 1992 – üblicherweise wiedergewählt, wenn die Wirtschaft stark ist oder sich wenigstens von einer Schwäche erholt. In den Monaten vor der Wahl ging es der US-amerikanischen Wirtschaft recht gut, bei Wachstumsraten von rund vier Prozent. Allerdings hatten die meisten Menschen die Vorstellung, der Wirtschaft gehe es schlecht (Ladd, 1993: 8). Ladd führt dies anhand von Inhaltsanalysedaten auf die Medienberichterstattung zurück: Die Medien berichteten intensiv (Ladd, 1993, 8) und überwiegend negativ (Ladd, 1993: 9) über die Wirtschaft. Vielleicht lösten sie damit das schlechte Meinungsklima für Bush aus, das Katz und Baldassare beobachtet hatten. Medienwirkungen werden außerdem möglicherweise schwächer, je näher der Wahltermin rückt, weil die Wahlberichterstattung sich verändert und Politiker anders dargestellt werden als zur ‚Normalzeit', sodass Unterschiede zwischen Meinungslagern nivelliert werden (Petersen, 2007). Das könnte eine Erklärung für das Fehlen unterschiedlicher Redebereitschaft bei der letzten Befragung von Katz und Baldassare sein. Die beiden Studien machen jedenfalls in methodischer Hinsicht deutlich, dass es nützlich wäre, Mehrfachbefragungen der Bevölkerung gezielt mit Analysen der Mediennutzung und des Medieninhaltes zu verbinden. Dann fiele das Spekulieren über mögliche Erklärungen für ungewöhnliche Beobachtungen weg und man könnte die Antworten auf Fragen nach einem möglichen Medieneinfluss direkt aus den Daten ablesen.

Psychologische Lesart der Schweigespirale

Während die Studie von Katz und Baldassare noch den soziologischen Ansatz verfolgte und ganze Meinungslager in ihrer Redebereitschaft verglich, wurde die Forschung in den folgenden Jahren stärker von psychologischen Einflüssen geprägt. Das Individuum und die Erklärung seiner jeweils individuellen Bereitschaft zu reden oder Tendenz zu schweigen, wurde in den Mittalpunkt der Forschungen aus dem Umfeld der Schweigespirale gestellt. Exemplarisch für diese Perspektive sind zwei Aufsätze, die die US-Forscher Andrew F. Hayes, Carroll J. Glynn und James Shanahan 2005 im International Journal of Public Opinion Research (IJPOR) veröffentlichten (Hayes, Glynn, & Shanahan, 2005 a; 2005 b).

Eine Skala für die individuelle Schweigetendenz

In dem ersten Aufsatz mit dem Titel *Willingness to Self-Censor: A Construct and Measurement Tool for Public Opinion Research* entwickeln die Autoren ein Messinstrument für die individuelle Neigung seine eigene Meinung zu verschweigen (sich selbst zu zensieren), wenn sich jemand einem Publikum gegenüber sieht, das seine Meinung nicht teilt. Es geht den Autoren ausdrücklich nicht um bloße Konformität oder das Nicht-Offenbaren der eigenen Meinung aus Gründen, die nichts mit dem wahrgenommenen Meinungsklima zu tun haben (Hayes, Glynn, & Shanahan, 2005 a: 300-301). Ihre Definition von Selbstzensur lautet: Self-censorship is „the withholding of one's true opinion from an audience perceived to disagree with that opinion" (Hayes, Glynn, & Shanahan 2005 a: 299). Das Spektrum an möglichen Publika ist dabei sehr weit gefasst: Von einem einzelnen Gegenüber bis hin zur ganzen Welt (Hayes, Glynn, & Shanahan 2005 a: 300).

Um in Umfragen die individuelle Neigung zur Selbstzensur messen zu können, entwickelten die Autoren eine Skala aus acht Items, denen Befragte auf einer fünfteiligen Skala zustimmen oder sie ablehnen können. Die Skalenentwicklung begann mit 21 Items, die 195 Studierenden des Dartmouth-Colleges im Nordosten der USA in einem Online-Fragebogen vorgelegt wurden. Mit Hilfe statistischer Kennwerte wie der Varianz oder dem Reliabilitätsmaß Cronbachs Alpha (Schnell, Hill, & Esser, 2008: 153) sortierten Hayes, Glynn und Shanahan nun 14 Items aus. Zu den verbliebenen sieben Items wurden vier neue hinzugefügt und in einem weiteren Test mit 323 Studenten der Ohio State University überprüft. Drei weitere Items fielen hier durch, allerdings bestätigten Cronbachs Alpha und eine Faktorenanalyse (Backhaus et. al., 2006: 259-336) die Konsistenz der folgenden Skala, mit deren Hilfe man individuelle Schweigeneigung im Angesicht eines feindlichen Meinungsklimas erheben kann (Hayes, Glynn, & Shanahan, 2005 a: 305-306).

Verfahren

Die Willingness-to-self-censor-Skala

1. It is difficult for me to express my opinion if I think others won't agree with what I say.
2. There have been many times when I have thought others around me were wrong but I didn't let them know.
3. When I disagree with others, I'd rather go along with them than argue about it.
4. It is easy for me to express my opinion around others who I think will disagree with me. (R)
5. I'd feel uncomfortable if someone asked my opinion and I knew that he or she wouldn't agree with me.
6. I tend to speak my opinion only around friends or other people I trust.
7. It is safer to keep quiet than publicly speak an opinion that you know most others don't share.
8. If I disagree with others I have no problem letting them know it. (R)

Die Befragten werden jeweils gebeten auf einer fünfteiligen Skala ihre Zustimmung zu den Items auszudrücken, die Skala reicht von „strongly disagree" bis „strongly agree". Das (R) bedeutet, dass die Antworten auf diese Items für die Auswertung invertiert werden müssen, weil Zustimmung hier hohe Redebereitschaft anzeigt, während Zustimmung bei den anderen Items geringe Redebereitschaft bedeutet (Hayes, Glynn, & Shanahan, 2005 a: 306).

Um sicherzugehen, dass die Skala auch wirklich reproduzierbar funktioniert (Zuverlässigkeit, Reliabilität) und auch wirklich das misst, was sie messen soll (Gültigkeit, Validität) befragten die Autoren vier weitere Stichproben und verwendeten repräsentative Umfragedaten, um die Verteilung der gemessenen Eigenschaften in der Bevölkerung zu überprüfen. Die Skala funktionierte nach dem Urteil ihrer Entwickler gut (Hayes, Glynn, & Shanahan, 2005 a: 306-316).

Begriffe

Reliabilität oder *Zuverlässigkeit* ist ein Maß dafür, wie stabil Ergebnisse bei mehreren Messungen bleiben. Ein Thermometer, das bei gleichbleibender Temperatur ständig unterschiedliche Werte anzeigt, taugt nicht viel (Schnell, Hill, & Esser, 2005: 151-153).

Validität oder *Gültigkeit* ist ein Maß dafür, inwieweit eine Messung das misst, was sie messen soll. Ein Fragebogen, der Frustration messen soll, aber Angst misst, ist für Untersuchungen zur Frustration nicht geeignet (Schnell, Hill, & Esser, 2005: 154-166).

Angesichts der zentralen Hypothese Noelle-Neumanns, dass Menschen schweigen, wenn sie das Meinungsklima gegen sich gerichtet sehen, liegt es nahe, die Willingness-to-self-censor-Skala für Studien zur Schweigespirale einzusetzen. Ebenfalls 2005 legten die drei Entwickler der Skala eine solche Studie unter dem Titel „Validating the Willingness to Self-Censor Scale: Individual Differences in the Effect of the Climate of Opinion on Opinion Expression" vor (Hayes, Glynn, & Shanahan, 2005 b).

Die Wissenschaftler wandten die Willingness-to-self-censor-Skala auf 742 Studenten der Universität von Ohio an. Vier Wochen später erhoben sie die Redebereitschaft der Probanden bei feindlichem oder freundlichem Meinungsklima mit Hilfe einer Form des Party-Tests (s. oben, Kap. 3 in diesem Buch). Themen der vorgestellten Gesprächssituation waren Todesstrafe, die Berücksichtigung der Hautfarbe bei der Vergabe von Stipendien und gewalttätige Umweltschützer. Der erste Teil der Studie wurde gegenüber den Probanden nicht erwähnt, sie wussten also nicht, dass diese Befragung etwas damit zu tun hatte. Es zeigte sich, dass die Probanden generell eher bei freundlichem Meinungsklima bereit waren ihre Meinung zu sagen. Die Willingness-to-self-censor-Skala erwies sich als gutes Vorhersageinstrument für die Redebereitschaft: Wer eine hohe Bereitschaft hat, sich angesichts eines feindlichen Meinungsklimas ‚selbst zu zensieren' erweist sich in einer Schweigespiral-Untersuchung tatsächlich als weniger redebereit (Hayes, Glynn, & Shanahan, 2005 b: 447-449).

Die beiden Studien von Hayes, Glynn und Shanahan sind ein Beispiel für den Trend in der US-amerikanischen Forschung, individualpsychologische Aspekte der Schweigespirale ins Zentrum zu rücken. Während die an der Psychologie orientierten Messmethoden und die für die Analysen verwendete Statistik immer differenzierter werden, bleibt die Frage nach dem Verhältnis von soziologischem Ansatz (Vergleich von

Meinungslagern) und psychologischem Ansatz (Vergleich von Individuen) jedoch weiter unbeantwortet.

Zusammenfassung

Die hier vorgestellten empirischen Untersuchungen sind nur ein kleiner Ausschnitt aus dem Gesamtbestand an Studien zur Schweigespirale. Es ist schwer, daraus stabile ‚Befunde' abzuleiten, zu entscheiden, ob die Theorie nun stimmt oder nicht. Dazu sind die Methoden zu vielfältig, die gesellschaftlichen Umfelder der Studien zu unterschiedlich und oft zu viele Variablen unbekannt. Nützlich sind die hier vorgestellten Untersuchungen jedoch – wie auch viele andere, die hier nicht erwähnt wurden – um kleine Erkenntnisgewinne zu erzielen z.B. hinsichtlich der Theorie (wie die Berücksichtigung des Involvements) oder der Methodik (Notwendigkeit von Paneldesigns) oder der individuellen Hintergründe von Schweigen und Reden.

5. Kritik und Weiterentwicklungen

Wie schon weiter oben, im Kapitel über die Entwicklungsgeschichte des Ansatzes, berichtet, erregte Elisabeth Noelle-Neumann mit Zeitungsartikeln in der Tageszeitung „Die Welt" Aufsehen und Kritik. Die öffentliche Kritik in der Presse hielt viele Jahre lang an. So nahm ‚Der Spiegel' im Jahr 1985 die Vorwürfe gegen Noelle-Neumanns Studien zur Wirkung des Fernsehens wieder auf und ergänzte sie um harsche Kritik an Noelle-Neumanns Schüler Hans Mathias Kepplinger und seinen Studien zu optischer Kommentierung und politischen Tendenzen des Hörfunks (Spiegel 51/1985, S. 71-78; zu Kepplingers Studien siehe oben, Kap. 3).

Die Kritik von Klaus Merten

Der *Spiegel* zitiert in seinem kritischen Beitrag den damaligen Münsteraner Publizistik-Professor Klaus Merten. Merten war einer der prominentesten Kritiker der sogenannten „Mainzer Schule", seine Kritik wurde breit – in Wissenschaft und Massenmedien – rezipiert und soll deshalb auch in diesem Kapitel genauer dargestellt werden. Trotz der polemischen Sprache (Merten bezeichnet eine Studie Kepplingers als „Akademisches Bubenstück" [Merten, 1983, S. 433]) und einiger aus heutiger Sicht seltsam anmutender Argumente (s. unten), sind einige seiner Anregungen durchaus bedenkenswert.

Akteure

Klaus Merten

Klaus Merten, geboren 1940 in Potsdam, studierte an den Universitäten Aachen, Münster und Bielefeld die Fächer Mathematik, Publizistik und Soziologie. In den Jahren 1973 bis 1978 arbeitete Merten als Wissenschaftlicher Assistent an der Universität in Bielefeld. Während dieser Zeit wurde er 1976 mit einer Arbeit über den Kommunikationsbegriff promoviert. Nachdem er Gastprofessuren an den Universitäten Mainz, Gießen und Berlin innehatte, wurde er 1979 Professor für Methoden der empirischen Sozialforschung an der Universität Gießen. 1984 übernahm er die Professur für empirische Kommunikationsforschung an der Universität in Münster, die er bis zu seiner Emeritierung innehatte.

Mertens Forschungsschwerpunkte liegen in den Bereichen der Kommunikationsbegriffe, Methodenlehre der Inhaltsanalyse und Public-Relations.

In seinem deutschsprachigen Beitrag über die Frage, ob es sich bei den von Noelle-Neumann gefundenen Medienwirkungen im Wahlkampf um Artefakte, also Scheinergebnisse, handele, geht Merten zunächst

Journalistenbefragung

auf eine Journalistenbefragung ein, die Noelle-Neumann 1982 in der Fachzeitschrift „Publizistik“ veröffentlicht hatte (Merten, 1983, S. 246-247). Noelle-Neumann hatte einen Zusammenhang zwischen den Urteilen der Journalisten über Politik und deren politischem Standort postuliert, weil Anhänger der SPD/FDP-Koalition deutlich häufiger einen Wahlsieg dieser Parteien erwarteten, als Journalisten, die den Unionsparteien nahestanden (Noelle-Neumann, 1982: 123). Merten weist darauf hin, dass 1976 eine Mehrheit aller befragten Journalisten einen Sieg der linksliberalen Koalition bei der Wahl prognostizierte. Das galt sowohl für jene mit einer Präferenz für die Unionsparteien, als auch für die mit einer Präferenz für die damals regierende Koalition aus SPD und FDP. Merten argumentiert, die Erwartungen der Journalisten hätten kein verzerrtes, sondern beide Gruppen ein einigermaßen korrektes Bild vom Meinungsklima besessen und damit auch keine Verzerrungen an die Bevölkerung übermitteln können (Merten, 1983, 426). Einen anderen wichtigen Kritikpunkt spricht Merten in dieser Veröffentlichung jedoch nicht an: Die Fallzahlen in Noelle-Neumanns Journalistenbefragung waren so klein, dass man daraus nicht hätte Prozentwerte bilden dürfen. Prozentuieren ist bei weniger als 100 Fällen nur in Ausnahmefällen erlaubt, wenn es zu Vergleichs- oder Illustrationszwecken erforderlich ist, und die Fallzahlen wenigstens in die Nähe der 100 kommen. Die Berechnung der Prozentwerte 27 (Erwartung Wahlsieg CDU/CSU), 50 (Wahlsieg SPD/FDP) und 23 (unmöglich zu sagen) für die 18 Journalisten der Stichprobe, die Unionsanhänger waren (Noelle-Neumann, 1982: 123), ist sicher kein derartiger Ausnahmefall. Ein einzelner Journalist wird in der Prozentdarstellung von 5,6 Prozentpunkten repräsentiert. Die generelle Tendenz, auf die es Noelle-Neumann vermutlich auch angesichts des statistischen Schätzfehlers bei derart geringen Fallzahlen ankam, stellt man besser in n-Werten dar.

Drittvariablenkontrollen

Für die Drittvariablenkontrollen im Zusammenhang mit der Erforschung des ‚doppelten Meinungsklimas‘ hatte Noelle-Neumann (1980) die Meinungsklimawahrnehmung von politisch interessierten Menschen untersucht, die selten oder nie fernsehen. Das waren jedoch nur 23 Personen, sodass Prozentuieren wiederum kaum vertretbar ist und der Schluss auf die entsprechenden Personen in der Grundgesamtheit statistisch-mathematisch nicht möglich ist. Insofern hat Merten mit seiner Kritik in diesem Punkt Recht. Noelle-Neumann könnte allerdings entgegnen, dass diese Untersuchung nur ein Teil einer Serie von Drittvariablenkontrollen war, die zumeist – jedenfalls hinsichtlich der Entwicklung der Wahlerwartungen für CDU/CSU – tendenziell gleich ausgingen (Noelle-Neumann 1980, 96-98). Auch bei wenigen Befragten ist eine eindeutige Tendenz bei mehreren Untersuchungen ein plausibles Ergebnis. Gleichwohl hätte Noelle-Neumann sich viel Kritik ersparen können, wenn sie offensiver auf die naheliegende mathematisch-statistische Kritik eingegangen wäre.

Kamerastudie

Klaus Merten wendet sich in seinem kritischen Beitrag nun der Untersuchung Hans Mathias Kepplingers zu, die er nicht nur als „Bubenstück", sondern auch als „Dilettantismus" (Merten, 1983, 435) bezeichnet. Bei seiner Analyse machte Merten zudem einige Fehler, die ihm Kepplinger seinerseits in demselben Buch vorhält (Kepplinger, 1983). Kepplingers Studie und Mertens Kritik daran stehen auch im Zentrum des oben erwähnten Spiegel-Artikels. Wegen der Polemik, der Fehler und der Tatsache, dass die Untersuchung nur ein Puzzlestein der Wahlstudie von 1976 ist, soll Mertens spezielle Kritik an dieser Untersuchung hier jedoch nicht vertieft werden.

Weitere Kritikpunkte

In seinem englischsprachigen Aufsatz zur Schweigespirale, der unter dem Titel „Some Silence in the Spiral of Silence" im Communication Yearbook 1984 erschien (Merten 1985), bemängelt Klaus Merten ebenfalls ausführlich Kepplingers Studie zur optischen Kommentierung, macht sich sogar darüber lustig (Merten, 1985: 41), äußert allerdings auch einige bedenkenswerte Ideen zu Noelle-Neumanns Theorie:

Merten weist darauf hin, dass die Rolle der Bezugsgruppen, in die jeder Mensch eingebunden ist, im Konzept der Schweigespirale zu wenig berücksichtigt wird. Das war damals richtig und auch heute noch ist die Frage, wie interpersonelle Beziehungen und Gruppendynamik in den Prozess der Schweigespirale eingreifen weitgehend ungeklärt, trotz diverser theoretischer und empirischer Untersuchungen zu diesem Punkt (vgl. Justl, 2010; Glynn & Park, 1997).

Merten weist auf das Voting-Booth-Problem hin. Wieso wirkt öffentliche Meinung bis in die Wahlkabine, in der der Wähler ja üblicherweise allein und unbeobachtet ist? Diese Frage ist bislang unbeantwortet, psychologische Grundlagenforschung zu einem von der Situation losgelösten ‚Bewusstsein von Öffentlichkeit' fehlt. Allerdings ist die Wirkung der Schweigespirale auf die wahlentscheidenden Einstellungen der Menschen – und die Bereitschaft sich überhaupt an einer Wahl zu beteiligen – auch nicht direkt Gegenstand von Noelle-Neumanns Theorie (Roessing, 2009: 264).

Er merkt an, dass Schweigespiralen manchmal aufzutreten scheinen und manchmal nicht, ohne dass man vorhersagen könnte, wie sich ein Meinungsklima entwickelt. Das ist in der Tat ein Problem (Noelle-Neumann & Petersen, 2005 b: 130). Man will ja soziale Prozesse nicht nur im Nachhinein erklären, sondern auch dauerhaft gültige Gesetzmäßigkeiten finden (‚Nomothetische Forschung‘). Eine Ursache für das Problem ist, dass sich die soziale Realität ständig wandelt, was die Arbeit von Sozialwissenschaftlern im Vergleich zu Naturwissenschaftlern, die überwiegend mit konstanten Wirklichkeiten konfrontiert sind, erschwert (Roessing, 2007 b; Roessing, 2009: 268-271).

Weitere kritische Bemerkungen

Weitere Kritiken an Noelle-Neumanns Theorie der Schweigespirale sind in unterschiedlichen Auffassungen über den Begriff der öffentlichen Meinung begründet. Wie im Abschnitt über konkurrierende Ansätze in diesem Buch noch ausführlich erklärt werden wird, gibt es höchst unterschiedliche Auffassungen in Politik- und Sozialwissenschaft, was unter ‚öffentlicher Meinung‘ zu verstehen sei. Der Jurist Ernst Benda bezweifelt die Integrationsfunktion der öffentlichen Meinung, er siedelt diese Funktion eher beim ‚Konsens‘ an und teilt die Auffassung nicht, dass die Meinungsforschung – aus Mangel am Dialog mit den namenlosen Befragten – zum Konsens beitragen kann (Benda, 1982). Meinungen müssten nicht nur gezählt, sondern auch „gewichtet“ (Benda, 1982: 883) werden. Bendas Kritik beruht vermutlich auf einer Vermischung der staatswissenschaftlichen Vorstellung von öffentlicher Meinung als einem Diskurs informierter Bürger mit Noelle-Neumanns sozialwissenschaftlicher Auffassung, dass öffentliche Meinung, emotional und oft unbewusst, jeden erreicht, auch ungebildete Ignoranten.

‚Quasistatistischer Sinn‘

Andere Kritiker bemängeln Noelle-Neumanns Idee eines quasi-statistischen Sinns. Weyma Lübbe meldete 1991 in der Zeitschrift für Soziologie Zweifel daran an, dass jedes Individuum einen quasi-statistischen Sinn habe und dass sich daraus eine bevölkerungsweite Wahrnehmung des Meinungsklimas entwickeln könne (Lübbe, 1991: 105). In der Folge fragt die Autorin sich, warum der Demoskop die Frage „was denken die meisten?“ stellt, wenn er aus den Antworten auf die Fragen nach der eigenen Meinung der Befragten schon ablesen kann, was die meisten denken. Die Ermittlung einer Differenz zwischen Meinungsverteilung und Meinungsklima sei aber keine Leistung der Befragten, sondern des Demoskopen (Lübbe, 1991: 106). Diese Auffassung übersieht, dass es für die Schweigespirale besonders darauf ankommt, wie sich die Redebereitschaft durch die Wahrnehmung eines Siegers und eines Verlierers verändert. Die bloße Diskrepanz zwischen Meinungsklima und Meinungsverteilung insgesamt ist für mehrere Forschungsansätze interessant, z.B. die schon erwähnte Looking-Glass-Perception. Letztlich beruht vermutlich auch Lübbes Kritik auf der durch Noelle-Neumann nie geklärten Frage, wie Aggregat- (alle Befragten, bzw. alle Menschen einer Gesellschaft insgesamt betrachtet) und Individual-Ebene (was spielt sich beim einzelnen Anhänger einer Mehr- oder Minderheitsmeinung ab?) bei einer Schweigespirale zusammenwirken.

Dieter Fuchs, Jürgen Gerhards und Friedhelm Neidhardt merken im Anschluss an ihren recht aufwendigen Test der Schweigespirale anhand des Themas ‚Asylbewerber' mehrere Kritikpunkte an (Fuchs, Gerhards, & Neidhardt, 1992: 293-294):

Anmerkungen aus dem Wissenschaftszentrum Berlin

Noelle-Neumann berücksichtige Bezugsgruppen zu wenig und konzentriere sich zu sehr auf das Meinungsklima der anonymen Öffentlichkeit.

Noelle-Neumanns Datenanalysen seien zweifelhaft; sie stütze sich zu sehr auf Kreuztabellen und deren Interpretation anhand von Prozentwertvergleichen, anstatt auf varianzaufklärende, multivariate Statistik. Außerdem versuche sie Medienwirkungen durch Annahmen zu erklären, die nicht empirisch überprüft wurden. Damit spielen die Autoren auf die Probleme der Studie an, die oben unter dem Stichwort ‚Dem Osten vertrauen' ebenfalls thematisiert wurden.

Die Autoren meinen, der Eisenbahntest sei ungeeignet, und zwar aus denselben Gründen, aus denen andere Forscher ihn für besonders gut geeignet halten: Er simuliert eine kleine, anonyme Öffentlichkeit. Fuchs, Gerhards und Neidhardt vermuten, die Öffentlichkeit sei zu klein und zu anonym, um wirklich Druck auf das Individuum auszuüben.

Weiterentwicklungen

Die Kernsätze der Theorie der Schweigespirale haben bislang keine nennenswerte Weiterentwicklung erfahren. Im Randbereich der Theorie sind zwei Entwicklungen zu nennen: Die Entwicklung hin zu stark individualpsychologisch orientierter Forschung vor allem in internationalen Studien und ein verstärktes Augenmerk auf das individuelle Involvement der Menschen. Beides ist in diesem Buch im Abschnitt über die empirischen Studien schon vorgestellt worden: die Psychologisierung anhand der ‚Willingness-to-Self-Cesnsor-Skala' von Andrew F. Hayes und seinen Kollegen und das Involvement im Zusammenhang mit den Untersuchungen von Jacob Shamir in Israel. Am Schluss des Buches, nach dem Abschnitt über verwandte und konkurrierende Absätze beschäftigt sich deshalb ein eigener Abschnitt mit den Weiterentwicklungen, die in Zukunft noch erforderlich sein werden, sie werden in der Wissenschaft als ‚Desiderata' bezeichnet.

6. Verwandte und Konkurrierende Ansätze

Theorien mittlerer Reichweite

Noelle-Neumanns Theorie der öffentlichen Meinung ist eine *Theorie mittlerer Reichweite* (s. oben, in Kapitel 4 ist dieses Konzept von Robert King Merton erläutert). In den relativ jungen Sozialwissenschaften ist es nach Mertons Auffassung nicht möglich, komplexe Theorien für das gesamte Sozialsystem (vergleichbar z.B. der Relativitätstheorie in der Astrophysik) zu entwickeln. Heute sei die Hauptaufgabe der Sozialwissenschaften „besondere Theorien zu entwickeln, die auf begrenzte Datenbereiche anwendbar sind" (Merton, 1995: 6). Eine Konsequenz aus dem Akzeptieren von Theorien mittlerer Reichweite ist, dass mehrere Theorien nebeneinander existieren können, die um die beste Erklärung der Wirklichkeit konkurrieren (Donsbach & Stevenson, 1986).

Andere Auffassungen von ‚öffentlicher Meinung'

Wie in diesem Buch bereits mehrfach erwähnt, wird als Hauptkonkurrenz für Noelle-Neumanns Theorie der öffentlichen Meinung eine andere, staatswissenschaftlich geprägte Auffassung von öffentlicher Meinung angesehen. Diese Theorie der öffentlichen Meinung wurde vor allem von Jürgen Habermas geprägt, der in seiner Habilitationsschrift den „Strukturwandel der Öffentlichkeit" untersuchte (Habermas, 1991 [Originalveröffentlichung 1962]).

Akteure

Jürgen Habermas

Jürgen Habermas, geboren 1929 in Düsseldorf, studierte von 1949 bis 1954 an den Universitäten Göttingen, Zürich und Bonn die Fächer Philosophie, Geschichte, Psychologie, deutsche Literatur und Ökonomie. Im Jahre 1954 wurde Habermas an der Universität Bonn mit einer Arbeit mit dem Titel „Das Absolute und die Geschichte. Von der Zwiespältigkeit in Schellings Denken von Erich Rothacker und Oskar Becker" promoviert. Danach arbeitete er als freier Journalist. 1956 kam Habermas nach Frankfurt ans Institut für Sozialforschung, die Heimat der gesellschaftskritischen ‚Frankfurter Schule'. Seine Habilitation legte er der Universität Marburg vor, die Schrift *‚Strukturwandel der Öffentlichkeit. Untersuchungen zu einer Kategorie der bürgerlichen Gesellschaft'* wird häufig zitiert und hat Geschichts- und Staatswissenschaft nachhaltig beeinflusst.

Bereits 1961 wurde Habermas außerordentlicher Professor an der Universität Heidelberg, wo er bis 1964 blieb. In den Jahren 1963 bis 1965 war Jürgen Habermas am sogenannten *Positivismusstreit* in den Sozialwissenschaften beteiligt, bei dem es um die Erkenntnistheorie der Sozialwissenschaften ging. 1964 wurde Habermas auf den Lehrstuhl für Philosophie und Soziologie an der Universität Frankfurt berufen, den zuvor Max Horkheimer innehatte. Während der Studentenunruhen Ende der 1960er, Anfang der 1970er Jahre spielte Habermas eine gewichtige Rolle als Vordenker der Linken Revolutionäre, distanzierte sich jedoch später von den radikalen Revolutionären.

Habermas wechselte 1971 von Frankfurt nach Starnberg bei München, wo er bis 1981 gemeinsam mit dem Physiker Carl Friedrich von Weizsäcker das *Max-Planck-Institut zur Erforschung der Lebensbedingungen der wissenschaftlich-technischen Welt* leitete. Nachdem das Max-Planck-Institut teilweise geschlossen worden war, kehrte er nach Frankfurt zurück, wo er von 1983 bis zu seiner Emeritierung im Jahre 1994 den Lehrstuhl für Philosophie mit dem Schwerpunkt Sozial- und Geschichtsphilosophie innehatte.

Öffentlichkeitsbegriffe

Um die Gemeinsamkeiten und Unterschiede zwischen Noelle-Neumanns Theorie der öffentlichen Meinung und dem Konzept zum selben Begriff von Habermas zu verstehen, ist es nützlich, sich vor Augen zu führen, dass das Wort ‚Öffentlichkeit' drei Bedeutungen hat, nämlich eine juristische, eine staatswissenschaftliche und eine sozialpsychologische.

Begriffe

Drei Begriffe von Öffentlichkeit

Der juristische Begriff der Öffentlichkeit bezeichnet freie Zugänglichkeit, freien Zutritt für jedermann. Der Öffentlichkeitsgrundsatz der Gerichtsverhandlung bedeutet beispielsweise, dass grundsätzlich jeder das Recht hat, einer Gerichtsverhandlung beizuwohnen (§§ 169 ff Gerichtsverfassungsgesetz).

Der politische, staatswissenschaftliche Begriff von Öffentlichkeit versteht Öffentlichkeit als das, was das Gemeinwohl, den Staat und die Gesellschaft betrifft. Diese Auffassung von Öffentlichkeit schlägt sich in Begriffen wie ‚öffentliches Amt', ‚öffentlicher Haushalt', ‚öffentlicher Dienst' nieder.

Die sozialpsychologische Öffentlichkeit, ‚jeder kann es sehen', Öffentlichkeit als Beurteilungsinstanz für das Verhalten des Einzelnen, kommt zur Geltung in der Redewendung, dass etwas ‚coram publico' passiere, also vor aller Augen und vor aller Ohren.

In der Realität können die unterschiedlichen Begriffe von Öffentlichkeit auch gemeinsam auftreten. Ein gutes Beispiel dafür ist eine Gerichtsverhandlung: Sie ist üblicherweise für jeden zugänglich, betrifft das Gemeinwohl und der Angeklagte sieht sich den urteilenden Blicken der Zuschauer, gegebenenfalls auch der Presse ausgesetzt.

'Elitekonzept'

Während Noelle-Neumann in der öffentlichen Meinung vor allem die sozialpsychologische Öffentlichkeit am Werke sieht (s. vor allem oben, in Kapitel 3 über die Messung der Redebereitschaft mit vorgestellten öffentlichen Situationen), steht für die Vertreter der konkurrierenden Auffassung das Gemeinwohl im Vordergrund. Für Habermas gilt: Die öffentliche Meinung bildet „sich in öffentlicher Diskussion, nachdem das Publikum durch Erziehung und Mitteilung instand gesetzt ist, eine begründete Meinung zu fassen [...]“ (Habermas, 1991: 132). Im Gegensatz dazu sieht er die privaten Meinungen, die jeder, auch der nicht informierte Bürger haben kann. Diese Meinungen bildeten sich „weder rational, nämlich in bewußter Auseinandersetzung mit erkennbaren Sachverhalten [...] noch bilden sie sich diskutant, nämlich im Für und Wider eines öffentlich geführten Gesprächs [...]“ (Habermas, 1991: 325). Jürgen Habermas formuliert also Anforderungen, die erfüllen muss, was öffentliche Meinung genannt werden soll. Ähnlich geht Wilhelm Hennis vor, ein anderer Vertreter des wegen seiner Orientierung am rationalen Diskutieren einer informierten Elite als ‚Elitekonzept der öffentlichen Meinung‘ bezeichneten Ansatzes. Er meint, dass die öffentliche Meinung folgendermaßen bestimmt wird:

„1. durch ihre ‚Öffentlichkeit‘ im Sinne der Zurückführbarkeit auf eine bestimmte Quelle. Wer sie bestimmen will, muß sich durch Einsicht – wenn man so will – durch eine *eigene* Meinung auszeichnen. Das Gerede ist niemals öffentliche Meinung.

2. ist die öffentliche Meinung inhaltlich durch ihren repräsentativen, der Wahrheit verpflichteten Charakter ausgezeichnet. Interessentenforderungen können niemals öffentliche Meinung sein.

3. erschöpft sich die Funktion der öffentlichen Meinung im Bejahen oder Mißbilligen politischer Akte. Sie kann fordern, aber sie kann als Meinung nichts erzwingen. Um zu erzwingen muß sie sich verwandeln in verfassungsmäßig organisierten und legitimierten Willen.“ (Hennis, 1957: 27. Kursiv im Original).

Es gibt zwei fundamentale Unterschiede zwischen Noelle-Neumanns Theorie der öffentlichen Meinung und der staatswissenschaftlichen Auffassung – die ihrerseits von unterschiedlichen Autoren oft im Detail unterschiedlich vertreten wird. Erstens ist die sozialpsychologische Theorie der öffentlichen Meinung das, was man eine empirisch-analytische Theorie nennt: Sie kann durch systematische Beobachtung der Wirklichkeit überprüft und gegebenenfalls modifiziert oder als untauglich verworfen werden (Druwe, 1995: 29). Das Elitekonzept dagegen besteht hauptsächlich aus Normen, die eine Struktur der sozialen Wirklichkeit erfüllen muss, damit sie den Namen „öffentliche Meinung“ verdient (‚rational‘, ‚diskutant‘, ‚keine Interessentenforderungen‘). Man könnte zwar auch empirisch prüfen, ob es irgendwo rationale Diskussionen gibt, die die Anforderungen erfüllen, den normativen Kern des Ansatzes kann man aber nicht überprüfen: Die Anforderungen gelten unabhängig davon, ob sie irgendwo oder irgendwann erfüllt wurden oder nicht. Zweitens haben Noelle-Neumanns Theorie der öffentlichen Meinung und das Elitekonzept völlig unterschiedliche wissenschaftliche Ziele: Die Schweigespirale als Teil der sozialpsychologischen Theorie soll Wahlausgänge erklären (1965, 1972) oder den Verlauf gesellschaftsweiter Konflikte (Abtreibung, Kernenergie, Todesstrafe). Das ist nicht das Ziel des Elitekonzepts, das eher demokratietheoretisch orientiert ist und dessen Vertreter sich zumeist auf das ideale Verhältnis von Regierung und gebildeter Elite beziehen. Insofern trifft auch Noelle-Neumanns wissenschaftstheoretisch begründete Auffassung, ihre Theorie sei besser („leistungsfähiger“), weil sie mehr erklären könne als das Elitekonzept (Noelle-Neumann, 2001: 339) die eigentliche Problematik nicht: Das Elitekonzept will keine sozialen Phänomene erklären und kann das als normative Theorie auch gar nicht (näher zu dieser Problematik s. Roessing, 2009: 47-58).

Verwandte Ansätze

Die Theorie der Schweigespirale beruht auf der Wahrnehmung von Mehrheits- und Minderheitsmeinung bzw. dem Eindruck, ein Meinungslager gehöre zu den Gewinnern oder Verlierern im öffentlichen Meinungskampf. Derlei Wahrnehmungen sind Gegenstand anderer Forschungsansätze. Sie sind jedoch nicht als Konkurrenz zur Schweigespirale anzusehen, sondern liefern entweder ergänzende Erklärungen für Meinungsklimawahrnehmung oder sind auf Fälle anwendbar, bei denen keine Schweigespirale entsteht. Letzteres ist zum Beispiel dann der Fall, wenn die Voraussetzungen für eine Schweigespirale, vor allem die moralische Ladung, nicht gegeben sind.

Looking-Glass-Perception bedeutet, dass Menschen dazu neigen, die Mehrheit auf ihrer Seite zu wähnen. Sie sehen das Meinungsklima gleichsam durch das Vergrößerungsglas ihrer eigenen Meinung (s. auch oben, im Abschnitt über die kritische Studie von Salmon & Kline). Dieser Effekt tritt bei vielen Umfragen zum Meinungsklima auf, auch in solchen zur Schweigespirale. Im Falle einer Schweigespirale ist allerdings die Überzeugung, die meisten teilten die eigene Meinung beim Verliererlager geschwächt, erkennbar an einem geringeren Looking- Looking-Glass-Perception

Glass Effekt oder einem höheren Anteil an ‚weiß nicht' Antworten bei der Frage ‚Wie denken die meisten' (Noelle-Neumann, 1972: 72-73).

False Consensus

Im Fall von ‚falschem Konsens' glauben Menschen, die meisten anderen seien einer Meinung (also beispielsweise für einen Kandidaten oder dagegen), obgleich das gar nicht stimmt (Glynn et. al, 1999: 186). Auch dieser Fall kann im Rahmen einer Schweigespirale eine Rolle spielen, wenn beispielsweise ein Meinungslager einen Konsens annimmt und sich dadurch in seiner öffentlichen Redebereitschaft gestärkt sieht. Dieses Lager setzt dann aufgrund eines Irrtums über die eigene Stärke möglicherweise einen klassischen Schweigespiraleprozess in Gang.

Pluralistic Ignorance

Pluralistic Ignorance liegt vor, wenn sich die Bevölkerung über die Meinung der Bevölkerung täuscht (Noelle-Neumann, 2001: 243): Menschen, die für etwas sind, glauben irrtümlich, die meisten seien dagegen – und umgekehrt (Glynn et. al, 1999: 186). Auch diese Fehlwahrnehmung kann Auswirkungen auf die Redebereitschaft haben, speziell, wenn ein Meinungslager Unterstützung durch die Medien erhält. Im Übrigen ist es gerade einer der interessantesten Fälle einer Schweigespirale, wenn ein nur scheinbares Mehrheitslager ein tatsächliches Mehrheitslager durch stärkere öffentliche Sichtbarkeit niederringt.

Hostile Media

Unter dem Hostile-Media-Effekt versteht man den Eindruck, die Medien stünden auf der Seite des Gegners (Gunther et. al., 2001). Da die Medien eine wichtige Rolle für die Meinungsklimawahrnehmung spielen, kann auch dieser Effekt eine Schweigespirale beeinflussen: wenn Menschen vermuten, die Medien stützten den Gegner, verringert sich vermutlich ihre Redebereitschaft.

Third-Person-Effekt

Der Third-Person-Effekt hat weniger mit der Wahrnehmung der Medieninhalte zu tun als mit der Wahrnehmung von Medienwirkungen. Die Idee zum Third-Person-Effekt wurde erstmals im Jahr 1983 von W. Phillips Davison veröffentlicht. Er äußerte anhand von Beispielen die Vermutung, dass viele Menschen glauben, die Medien wirkten stärker auf andere, als auf sie selbst. Dieser Effekt ist gut erforscht; Menschen neigen besonders dazu, stärkere Wirkungen der Medien auf andere zu vermuten, wenn sie ein Thema als persönlich wichtig empfinden oder der Quelle eine negative Verzerrung zuschreiben (Perloff, 1993). Der Third-Person-Effekt hat einen starken Bezug zur Schweigespirale, der 1989 von Diana C. Mutz näher untersucht wurde: Wenn Menschen glauben, die Massenmedien hätten einen starken Einfluss auf andere und gleichzeitig den Eindruck haben, die Medien unterstützten ein bestimmtes Meinungslager, erwarten sie auch eher einen Sieg dieses Meinungslagers (Mutz, 1989).

Bandwagon und Underdog

Zwei weitere aus der Wahlforschung bekannte Phänomene haben nichts mit der Wahrnehmung des Meinungsklimas oder des Medieninhalts zu tun wie die vorgenannten, sondern mit der Frage, warum Menschen sich der Mehrheitsmeinung anschließen – oder sich für die Minderheitsmeinung entscheiden. Der Bandwagon-Effekt erklärt einen Last-Minute-Swing zugunsten des erwarteten Wahlsiegers mit dem Wunsch vieler Menschen, auf der Seite des Siegers zu sein, quasi auf dem Wagen in einem Umzug mitzufahren, auf dem die Musik-Band spielt (Lazarsfeld, Berelson, & Gaudet, 1968: 107- 109). Noelle-Neumann vermutet jedoch, dass bei moralisch geladenen Themen, bei denen Isolation, Ausschluss aus der Gemeinschaft, tatsächlich droht, die negative Emotion der Isolationsfurcht den positiven Wunsch, auf der Seite des Siegers sein zu wollen überwiegt (Noelle-Neumann, 1993; Noelle-Neumann, 2001: 19-20). Es ist in der Tat schwer, die Ergebnisse des Buh-Tests oder des Droh-Tests mit einer positiven Emotion zu erklären. Das bedeutet natürlich nicht, dass es den Bandwagon-Effekt nicht gäbe. Er funktioniert lediglich in den klassischen Fällen einer Schweigespirale nicht so gut wie in nicht-emotionalen Wahlkämpfen.

Verwandt mit dem Bandwagon-Effekt ist der Underdog-Effekt, auch Mitleidseffekt genannt (Maier & Brettschneider, 2009: 321). Darunter versteht man den Wechsel zur Minderheitsfraktion mit dem Ziel, den armen Verlierer etwas zu stützen. Für die Schweigespirale ist dieses Phänomen allerdings kaum relevant.

Insgesamt ist es so, dass die mit der Schweigespirale verwandten Effekte keine Konkurrenz für die hier vorgestellte Theorie darstellen. Je nach Ausgangssituation und Verlauf einer Schweigespirale können die oben genannten Effekte gemeinsam mit dem Schweige- und Redeeffekt der öffentlichen Meinung auftreten. Dabei wirken sie in einigen Fällen verstärkend (z.B. False Consensus) in anderen möglicherweise abschwächend (z.B. Looking-Glass-Perception) auf die Schweigespirale.

Desiderata

Es gibt zwei Gruppen notwendiger Weiterentwicklungen und Ergänzungen der Theorie der Schweigespirale. Erstens wirft die Theorie immer noch Fragen auf, die geklärt werden müssen. Diese Desiderata sind in der Theorie selbst oder in Eigenarten der empirischen Forschung dazu begründet (intrinsische Desiderata). Zweitens hat sich die Welt, und auch gerade die Medienwelt, stark verändert, seit Elisabeth Noelle-Neumann die Theorie der öffentlichen Meinung in den 1960er und 1970er Jahren entwickelt hat. Die Desiderata dieses Bereichs liegen in der Realität begründet, die eine empirische Theorie zu erklären versucht (extrinsische Desiderata).

Intrinsische Desiderata

Zu den ungelösten Problemen der Theorie und der empirischen Forschung dazu gehören das Voting-Booth-Problem (wie wirkt öffentliche Meinung bis in die Einsamkeit der Wahlkabine?) und die Frage, inwieweit die Menschen nur vorgeben, ihre Meinung zu ändern oder tatsächlich ihre Meinungen und Einstellungen in Richtung der wahrgenommenen Mehrheit anpassen. Außerdem ungeklärt ist die Frage nach der Größe der Öffentlichkeit, die für eine Schweigespirale erforderlich ist. Problematisch ist auch der Mangel an Untersuchungen zur Wirkung von Unterhaltungsmedien auf die öffentliche Meinung. Das Voting-Booth-Problem wurde bereits oben im Zusammenhang mit der Kritik Klaus Mertens besprochen. Auf die Größe der Öffentlichkeit und die Forschung zu Unterhaltungsmedien soll hier noch etwas näher eingegangen werden.

Größe der Öffentlichkeit

Für empirische Studien zur Schweigespirale ist eine kleine Öffentlichkeit erforderlich, z.B. die Vorstellung, in einem Eisenbahnabteil mit Fremden über Kernenergie zu sprechen. Wie groß muss eine Öffentlichkeit aber mindestens sein, damit sich eine Schweigespirale als Prozess der öffentlichen Meinung (und nicht lediglich ein Gruppenphänomen) entwickeln kann? Was sich in einem Verein abspielt oder einer Kneipe, einem Betrieb oder einer Schule, ist keine öffentliche Meinung im Sinne Noelle-Neumanns, auch wenn die Abläufe und der zugrundeliegende Wunsch nicht isoliert zu sein recht ähnlich sind (Noelle-Neumann, 2001: 222). Kann sich öffentliche Meinung in einem Dorf abspielen? In einer Stadt? In einem Landkreis, einer Region? Diese Frage ist theoretisch ebenso ungeklärt wie empirisch kaum erforscht. Noelle-Neumann selbst untersuchte fast immer deutschlandweite Meinungsveränderungen und in ihren Studien schwingt die Vorstellung mit, öffentliche Meinung sei eine landesweite Angelegenheit. In einem Fall fand sie jedoch auch einen Hinweis auf eine regional begrenzte Schweigespirale (Noelle-Neumann & Petersen, 2005 a: 570-573). Das liegt allerdings möglicherweise weniger an einer theoretischen Notwendigkeit als daran, dass das Allensbacher Umfrageinstitut sehr viele bundesweit repräsentative Daten erhebt. Dementsprechend ist auch noch unklar, ob es Schweigespiralen gibt, die mehrere Länder erfassen, Europa vielleicht, oder sogar die ganze Welt. Globale Phänomene, seien das nun Religionen, Kriege oder Medienhypes, deuten darauf hin, dass eine Beschränkung der Forschung auf ein Land nicht immer das vollständige Bild liefern kann.

Unterhaltungsmedien

In der Kommunikationswissenschaft war und ist es üblich, die Wirkung von Massenmedien hauptsächlich an informierenden Medieninhalten zu erforschen, also an Tageszeitungen, Nachrichtensendungen, politischen Magazinen. Das gilt speziell für die Forschung zur politischen Kommunikation. Gerade beim Thema öffentliche Meinung ist diese Beschränkung jedoch wenig zielführend: Was man sich öffentlich erlauben kann und was nicht, welche Standpunkte in emotional aufgeladenen Bereichen vertreten werden (und wie andere Menschen darauf reagieren) erfahren Menschen auch – und möglicherweise sogar hauptsächlich – aus Unterhaltungssendungen. Serien wie ‚Lindenstraße' des Westdeutschen Rundfunks (Jurga, 1995) oder der populäre ‚Tatort' der ARD greifen regelmäßig gesellschaftlich relevante Themen auf. Nachmittagsshows im Fernsehen (‚Scripted Reality') führen scheinbar alltägliche Fallbeispiele vor und vermitteln dem Zuschauer, welche Verhaltensweisen ‚normal' sind (Klaus & Röser, 2008). Kinofilme (die es einige Zeit nach ihrem Erscheinen auch in andere Übertragungskanäle wie Fernsehen und Internet schaffen) behandeln gesellschaftlich brisante und emotional aufgeladene Themen wie die Verbrechen des Nationalsozialismus (‚Schindlers Liste'), Terrorismus (‚Der Baader Meinhof Komplex') oder AIDS (‚Philadelphia'). Möglicherweise haben solche Darstellungen eine wesentlich stärkere Wirkung auf die Meinungsklimawahrnehmung als Berichte in der Tageszeitung oder den Abendnachrichten über eine Regierungserklärung zu Nazis, Terrorismus und Safer Sex. Hier besteht eine enge Beziehung zu der (wissenschaftlich allerdings umstrittenen) Tradition des Kultivierungsansatzes (vgl. Früh, in Vorbereitung), den George Gerbner begründet hat: Diesem Ansatz zufolge prägen die Massenmedien, vor allem das Unterhaltungs-Fernsehen, die Vorstellungen der Menschen von der Welt (Schenk, 2007: 578-613). Über mediale Unterhaltung gibt es inzwischen recht viel Forschung (Schramm, Wirth & Bilandzic, 2006), allerdings wird die Schweigespirale dabei kaum berücksichtigt.

Extrinsische Desiderata

Die Zeiten ändern sich und mit ihnen die Menschen und die Medien, die sie nutzen. Als Noelle-Neumann in den 1960er und 70er Jahren die Theorie der Schweigespirale entwickelte, gab es in Deutschland nur wenige, öffentlich-rechtlich organisierte Fernsehsender, Fernsehen war ein abendliches Gemeinschaftserlebnis für die ganze Familie und das Internet war auf wenige militärische und wissenschaftliche Nutzer beschränkt, die ‚Datenautobahn' noch in weiter Ferne. Mobilfunk war bis in die 1990er Jahre nur mit fest in Limousinen der Oberklasse eingebauten Autotelefonen möglich, mobile Internetnutzung gibt es erst seit der zweiten Hälfte des ersten Jahrzehnts des 21. Jahrhunderts. Entwicklungen wie das Privatfernsehen mit seiner Vielfalt an Unterhaltungsprogrammen, Personal Computer in vielen Haushalten – und Kinderzimmern –, Breitband-Internet, Social Media und Smartphones spielen in der Theorie der öffentlichen Meinung keine Rolle, weil es sie einfach noch nicht gab, als die Theorie entstand. Bislang sind zwar schon einige Studien erschienen, die sich der Verbindung von neuen Medien und Schweigespirale widmen (Beispielsweise das Buch von Robert Mayer-Uellner [2003] über öffentliche Meinung in Diskussionsforen), andere Studien sind derzeit gerade abgeschlosen oder noch im Feld (vgl. z.B. Rössler, Schulz, & Mewes, 2011). Allerdings sind viele Fragen noch offen:

- Verändern die oft wegen ihres geringen Anspruchs kritisierten Unterhaltungsangebote des Privatfernsehens die Vorstellungen der Bevölkerung darüber, was sozial angemessen ist und was nicht?
- Inwieweit ähneln soziale Prozesse in Online-Communities solchen der Schweigespirale und wo gibt es Unterschiede (Roessing, 2010)?
- Welche Rolle spielen soziale Netzwerke wie Facebook für die Meinungsklimawahrnehmung der Beteiligten?
- Wie beeinflusst die Online-Kommunikation die Berichterstattung der klassischen Massenmedien, beispielsweise wenn Journalisten in Blogs oder bei Wikipedia recherchieren (Roessing & Podschuweit, 2011)?
- Wie verändert das Internet die politische Kommunikation, speziell in Wahlkämpfen (Emmer & Wolling, 2010; Kepplinger & Podschuweit, 2011)?

In allen diesen Bereichen besteht großer Bedarf an empirischer Forschung und gegebenenfalls sachgerechter Anpassung und Erweiterung der Schweigespiral-Theorie. Angesichts des anhaltenden Medienwandels wird es auch in Zukunft eher mehr als weniger Arbeit für die Forscher geben.

7. Top 5 der Veröffentlichungen Noelle-Neumanns

Noelle-Neumann, E. (2001). *Die Schweigespirale. Öffentliche Meinung – unsere soziale Haut.* München: Langen Müller. | Dieses Buch ist die neueste Gesamtzusammenstellung von Noelle-Neumanns Entdeckungen, Theorien, Literaturstudien und Befunden. Es lohnt sich, auch ältere Ausgaben anzusehen: Während die ursprünglichen Kapitel bei jeder Neuauflage unverändert bleiben, hat Noelle-Neumann Vorworte und Anhänge mehrfach ergänzt oder ausgetauscht.

Noelle-Neumann, E. (1973). Kumulation, Konsonanz und Öffentlichkeitseffekt. Ein neuer Ansatz zur Analyse der Wirkung der Massenmedien. *Publizistik*, 18, 26-55. | Eine sehr frühe Studie, in der die Grundlagen der Schsweigespirale – speziell hinsichtlich der Medienwirkung – gelegt werden.

Noelle-Neumann, E. (1991 b). The Theory of Public Opinion: The Concept of the Spiral of Silence. In Anderson, J. A. (Hrsg.), *Communication Yearbook 14* (S. 256-287). Newbury Park, London, New Delhi: Routledge. | Noelle-Neumann setzt sich hier explizit mit der Kritik an ihrer Theorie auseinander und macht Vorschläge für weiterführende empirische Untersuchungen.

Noelle-Neumann, E. (1994). Are We Asking the Right Questions? Developing Measurement from Theory: The Influence of the Spiral of Silence on Media Effects Research. In Hamelink, C.J., & Linne, O. (Hrsg.), *Mass Communication Research. On problems and policies. The art of asking the right questions. In Honor of James D. Halloran* (S. 97-120). Norwood: Ablex. | Dieser Beitrag setzt sich differenziert mit Medieneffekten im Rahmen der Schweigespirale auseinander. Er enthält außerdem eine interessante Sammlung an Fragemodellen für die Schweigespiralforschung.

Noelle-Neumann, E. / Petersen, T. (2004): The Spiral of Silence and the Social Nature of Man. In Kaid, L. L. (Ed.), *Handbook of Political Communication* (S. 339-356). Mahwah, London: Lawrence Erlbaum. | Dieser Beitrag vereint die Befunde aus fast 40 Jahren Forschung. Er enthält eine überarbeitete Liste der Annahmen und Hypothesen der Schweigespirale.

8. Top 10 der Forschungsliteratur

Scherer, H. (1990). *Massenmedien, Meinungsklima und Einstellung. Eine Untersuchung zur Theorie der Schweigespirale.* Opladen: Westdeutscher Verlag. | Helmut Scherers Buch untersucht sehr detailliert eine mögliche Schweigespirale zur Volkszählung 1987. Scherer konnte zwar keine finden, vermutlich, weil das Thema die Voraussetzungen für eine Schweigespirale nicht erfüllte, gleichwohl ist seine Studie sehr lehrreich: Er arbeitet mit hervorragenden Daten, bezieht die Berichterstattung der Massenmedien mit ein und führt mit der *Cross-lagged Panel-Correlation* und *LISREL-Strukturgleichungsmodellen* neue, mächtige Analyseverfahren in die Forschung zur Schweigespirale ein.

Katz, C., & Baldassare, M. (1994). Popularity in a Freefall: Measuring a Spiral of Silence at the End of the Bush Presidency. *International Journal of Public Opinion Research* 6, 1-12 in Verbindung mit Ladd, E. C. (1993). The 1992 U.S. National Election. *International Journal of Public Opinion Research* 5, 1-21. | Keine der beiden Studien kann eine Schweigespirale wirklich beweisen. Die Längsschnittdaten (Trend) von Katz und Baldassare lassen jedoch in Verbindung mit den Mediendaten Ladds einen Prozess der öffentlichen Meinung bei der US-Präsidentenwahl 1992 sehr plausibel erscheinen.

Salmon, C. T., & Kline, F. G. (1985). The Spiral of Silence Ten Years Later. An Examination and Evaluation. In Sanders, K. R., Kaid, L. L., & Nimmo, D. (Hrsg.), *Political Communication Yearbook 1984* (S. 3-30). Carbondale, Edwardsville: Southern Illinois University Press. | Sehr scharfsinnige Kritik an Noelle-Neumanns Theorie und ihren Daten.

Shamir, Jacob (1997): Speaking Up and Silencing Out in Face of a Changing Climate of Opinion. *Journalism & MassCommunication Quarterly*, 74, 602-614. | Jacob Shamir vergleicht drei Verfahren zur Messung der Redebereitschaft: Eine Form des Bustests, einen Reportertest und die Bereitschaft, sich an „open protest" zu beteiligen. Solche Mehrmethodenstudien sind für die Entwicklung der Forschung sehr nützlich.

Hayes, A. F., Glynn, C. J., & Shanahan, J. (2005 a). Willingness to Self-Censor:A Construct and Measurement Tool for Public Opinion Research. *International Journal of Public Opinion Research* 17, 298-323 in Verbindung mit Hayes, A. F. / Glynn, C. J. / Shanahan, J. (2005 b). Validating the Willingness to Self-Censor Scale: Individual Differences in the Effect of the Climate of Opinion on Opinion Expression. *Internatinal Journal of Public Opinion Research* 17,

S. 443-455. | Die beiden Studien beleuchten mit großem methodischen Aufwand die psychologischen Aspekte der Schweigespirale

Mutz, D. C. (1989). The Influence of Perceptions of Media Influence: Third Person Effects and the Public Expression of Opinions. *International Journal of Public Opinion Research* 1, 3-23. | Diana Mutz verbindet die Schweigespirale mit dem Third-Person-Effekt und belebt damit die Forschung zur Schweigespirale als Medienwirkungs-Theorie.

Donsbach, W., & Stevenson, R. L. (1986). Herausforderungen. Probleme und empirische Evidenzen der Theorie der Schweigespirale. *Publizistik*,31, 7-34. | Diese Studie erläutert Hintergründe sowie theoretische und methodische Probleme der Schweigespirale. Es folgt ein methodisch sehr lehrreicher empirischer Test anhand des Themas Abtreibung.

Gonzenbach, W. J. (1992). The Conformity Hypothesis: Empirical Considerations for the Spiral of Silence's First Link. *Journalism Quarterly* 69, 633-645. | Beispiel für ein sozialwissenschaftliches Experiment zur Schweigespirale (und die Problematik solcher Untersuchungen). Sehr kreativ ist die Messung der Redebereitschaft mit Hilfe elektronischer Schieberegler.

Hallemann, M. (1986). Peinlichkeit und öffentliche Meinung. *Publizistik* 31, 249-261. | Ein guter Beitrag aus dem Randbereich der Schweigespiralforschung, der deutlich macht, wie die soziale Natur des Menschen funktioniert.

Scherer, H., Tiele, A., & Naab, T. (2006). Die Theorie der Schweigespirale: methodische Herausforderungen und empirische Forschungspraxis. In: Wirth, Werner, Fahr, A., & Lauf, E. (Hrsg.): *Forschungslogik und –design in der Kommunikationswissenschaft. Bd. 2. Anwendungsfelder in der Kommunikationswissenschaft* (S. 107-138). Köln: von Halem Verlag. | Helmut Scherer und seine Kolleginnen liefern einen fundierten Rückblick auf mehrere Jahrzehnte Forschung zur Schweigespirale.

Literatur

Allport, F. H. (1937). Toward A Science of Public Opinion. In *Public Opinion Quarterly*, 1, 7-23.

Asch, S. (1965). Effects of Group Pressure upon the Modification and Distortion of Judgements. In Campbell, J. H., & Hepler, H. W. (Hrsg.), *Dimensions in Communication* (S. 125-137).Belmont: Wadsworth Publishing.

Backhaus, K., Erichson, B., Plinke, W., & Weiber, R. (2006). *Multivariate Analysemethoden: Eine anwendungsorientierte Einführung* (Elfte, überarbeitete Auflage mit 559 Abbildungen und 6 Tabellen.). Berlin, Heidelberg: Springer.

Baldassare, M., & Katz, C. (1996). Measures of Attitude Strength as Predictors of Willingness to Speak to the Media. *Journalism and Mass Communication Quarterly*, 73, 147-158.

Bogart, L. (1991). The Pollster & the Nazis. *Commentary*, 92(2), 47-49.

Brosius, H.-B. (1994). Agenda-Setting nach einem Vierteljahrhundert Forschung: Methodischer und theoretischer Stillstand. *Publizistik*, 39, 269-288.

Brosius, H.-B. (1995). *Alltagsrationalität in der Nachrichtenrezeption: Ein Modell zur Wahrnehmung und Verarbeitung von Nachrichteninhalten*. Opladen: Westdeutscher Verlag.

Brosius, H.-B., Haas, A., & Koschel, F. (2009). *Methoden der empirischen Kommunikationsforschung: Eine Einführung* (5th ed.). Wiesbaden: VS Verlag für Sozialwissenschaften.

Chalmers, A. F. (2007). *Wege der Wissenschaft*. Berlin, Heidelberg: Springer-Verlag.

Daschmann, G. (2001). *Der Einfluß von Fallbeispielen auf Leserurteile. Experimentelle Untersuchungen zur Medienwirkung*. Konstanz: UVK.

Davison, W. P. (1983). The third-person effect in communication. *Public Opinion Quarterly*, 47, 1-15.

Deisenberg, A. M. (1986). *Die Schweigespirale - die Rezeption des Modells im In- und Ausland*. München: Minerva-Publikation.

del Ama Gonzalo, J. C. (2001). *Ehre und öffentliche Meinung. Zur anthropologischen Grundlegung einer Theorie der öffentlichen Meinung*. Aachen: Shaker.

Donnerstag, J. (1996). *Der engagierte Mediennutzer: Das Involvement-Konzept in der Massenkommunikationsforschung*. München: Reinhard Fischer.

Donsbach, W. (1984). Die Rolle der Demoskopie in der Wahlkampfberichterstattung. *Zeitschrift für Politik*, 31, 388-407.

Donsbach, W. (1987). Die Theorie der Schweigespirale. In Schenk, M., *Medienwirkungsforschung* (S. 324-343). Tübingen: Mohr Siebeck.

Donsbach, W., & Stevenson, R. L. (1986). Herausforderungen, Probleme und empirische Evidenzen der Theorie der Schweigespirale. *Publizistik*, 31, 7-34.

Donsbach, W., & Weisbach, K. (2005). Kampf um das Meinungsklima. Quellen und Inhalte der Aussagen über den möglichen Wahlausgang. In Noelle-Neumann, E., Donsbach, W., & Kepplinger, H. M. (Hrsg.), *Wählerstimmungen in der Mediendemokratie. Analysen auf der Basis des Bundestagswahlkampfs 2002* (S. 187-207). Freiburg, München: Alber.

Druwe, U. (1995). *Politische Theorie*. Neuried: Ars Una.

Emmer, M., & Wolling, J. (2010). Online-Kommunikation und politische Öffentlichkeit. In Schweiger, W., & Beck, K. (Hrsg.), *Handbuch Online-Kommunikation* (S. 36-58). Wiesbaden: VS-Verlag.

Ennen, I. (2007). Der lange Weg zum Triumph der "Willy-wählen"-Wahl: Willy Brandt als Wahlkämpfer – 1961 bis 1972. In Jackob, N. (Hrsg.), *Wahlkämpfe in Deutschland. Fallstudien zur Wahlkampfkommunikation 1912 - 2005* (S. 176–193). Wiesbaden: VS-Verlag.

Fields, J. M., & Schuman, H. (1976). Public Beliefs About Beliefs of the Public. *Public Opinion Quarterly*, 40, 427-448.

Foerster, H. von (2010). Entdecken oder Erfinden. Wie läßt sich Verstehen verstehen? In: Foerster, H. von (Hrsg.), *Einführung in den Konstruktivismus* (S. 41–88). München: Piper.

Friedel, M. (2006). *Von der Teilung zur Wiedervereinigung. Dokumente zur Deutschen Frage in der Zeit des Kalten Krieges (1945 - 1989/90)*. Wiesbaden: Hessische Landeszentrale für polit. Bildung.

Früh, H. (in Vorbereitung): *Kultivierung*. Baden-Baden: Nomos.

Früh, W., & Schönbach, K. (1982). Der dynamisch-transaktionale Ansatz.*Publizistik*, 27, 74-88.

Fuchs, D., Gerhards, J., & Neidhardt, F. (1992). Öffentliche Kommunikationsbereitschaft. Ein Test zentraler Bestandteile der Theorie der Schweigespirale. *Zeitschrift für Soziologie*, 21, 284-295.

Funkhouser, G. R. (1973). The Issues of the Sixties: An Exploratory Study in the Dynamics of Public Opinion. *Public Opinion Quarterly*, 37, 62-75.

Gassner, H.-P. (1992). Visuelle und verbale Wertungen im Fernsehen. *Publizistik*, 37, 461-477.

Glynn, C. J. & McLeod, J. M. (1984). Public Opinion du Jour: An Examination of the Spiral of Silence. *Public Opinion Quarterly*, 48, 731-740.

Glynn, C. J. & Park, E. (1997). Reference Groups, Opinion Intensity, and Public Opinion Expression. *International Journal of Public Opinion Research*, 9, 213-232.

Gonzenbach, W. J. (1992). The Conformity Hypothesis: Empirical Considerations for the Spiral of Silence's First Link. *Journalism Quarterly*, 69, 633-645.

Gunther, A. C. (1998). The Persuasive Press Inference. Effects of Mass Media on Perceived Public Opinion. *Communication Research*, 25, S. 486-504.

Gunther, A. C., Christen, C. T., Liebhart, J. L., & Chih-Yun Chia, S. (2001). Congenial public, contrary press, and biased estimates of the climate of opinion. *Public Opinion Quarterly*, 65, 295-320.

Habermas, J. (1991). *Strukturwandel der Öffentlichkeit. Untersuchungen zu einer Kategorie der bürgerlichen Gesellschaft*. Frankfurt am Main: Suhrkamp.

Hallemann, M. (1986). Peinlichkeit und öffentliche Meinung. *Publizistik*, 31, 249-261.

Hansen, J. (1982). *Das Panel. Zur Analyse von Verhaltens- und Einstellungswandel*. Opladen: Westdeutscher Verlag.

Hayes, A. F., Glynn, C. J., & Shanahan, J. (2005 a). Willingness to Self-Censor:A Construct and Measurement Tool for Public Opinion Research. *International Journal of Public Opinion Research*, 17, 298-323.

Hayes, A. F., Glynn, C. J., & Shanahan, J. (2005 b). Validating the Willingness to Self-Censor Scale: Individual Differences in the Effect of the Climate of Opinion on Opinion Expression. *International Journal of Public Opinion Research*, 17, S. 443-455.

Hennis, W. (1957). *Meinungsforschung und repräsentative Demokratie. Zur Kritik politischer Umfragen*. Tübingen: Mohr.

Huber, O. (2009). *Das psychologische Experiment. Eine Einführung ; mit dreiundfünfzig Cartoons aus der Feder des Autors*. Bern: Huber.

Institut für Demoskopie Allensbach (1997). *Allensbach*. O. V.: Allensbach.

Jurga, M. (1995). Die Lindenstraße als kulturelles Forum. In Jurga, M. (Hrsg.), *Lindenstraße. Produktion und Rezeption einer Erfolgsserie* (S. 55-72). Opladen: Westdeutscher Verlag.

Justl, S. (2010). *Gruppen und Öffentliche Meinung. Die soziale Natur des Menschen in Gruppensituationen und anonymer Öffentlichkeit.* Univ.-Diss. Mainz.

Katz, C., & Baldassare, M. (1994). Popularity in a Freefall: Measuring a Spiral of Silence at the End of the Bush Presidency. *International Journal of Public Opinion Research*, 6, 1-12.

Kepplinger, H. M. (1983). Erwiderung an Klaus Merten. In Schulz, W. (Hrsg.), *Massenmedien und Wahlen* (S. 442–445). München: Ölschläger.

Kepplinger, H. M. (1987). *Darstellungseffekte: Experimentelle Untersuchungen zur Wirkung von Pressefotos und Fernsehfilmen*. Freiburg [im Breisgau]: K. Alber.

Kepplinger, H. M. (1989). Theorien der Nachrichtenauswahl als Theorien der Realität. *Aus Politik und Zeitgeschichte*, 15/1989, 3-16.

Kepplinger, H. M. (1997). Political Correctness and Academic Principles: A Reply to Simpson. *Journal of Communication*, 74, 102-117.

Kepplinger, H. M. (2010 a): Nachruf auf Elisabeth Noelle (19. Dezember 1916–25. März 2010). *Kölner Zeitschrift für Soziologie und Sozialpsychologie*, 62, 583-598.

Kepplinger, H. M. (2010 b). *Nonverbale Medienkommunikation*. Wiesbaden: VS Verl. für Sozialwiss.

Kepplinger, H. M., Brosius, H.-B., Staab, J. F., & Linke, G. (1989). Instrumentelle Aktualisierung. Grundlagen einer Theorie publizistischer Konflikte. In Kaase, M. (Hrsg.), *Massenkommunikation. Theorien, Methoden, Befunde* (S. 199–220). Opladen: Westdeutscher Verlag.

Kepplinger, H. M. i. Z. mit Maurer, M., & Roessing, T. (1999). Deutschland vor der Wahl. Eine Frame-Analyse der Fernsehnachrichten. In Noelle-Neumann, E., Kepplinger H. M., & Donsbach, W. (Hrsg.), *Kampa. Meinungsklima und Medienwirkung im Bundestagswahlkampf 1998* (S. 78-107). Freiburg, München: Alber.

Kepplinger, H. M. i. Z. mit Maurer, M., & Roessing, T. (1999). Die Kontrahenten in der Fernsehberichterstattung. In Noelle-Neumann, E., Kepplinger H. M., & Donsbach, W. (Hrsg.). *Kampa. Meinungs-*

klima und Medienwirkung im Bundestagswahlkampf 1998 (S. 108-140). Freiburg, München: Alber.

Kepplinger, H. M., & Podschuweit, N. (im Druck). Der Online-Wahlkampf der Parteien. Alternative oder Ergänzung? In Oberreuter, H. (Hrsg.), *Am Ende der Gewissheiten - Wähler, Parteien und Koalitionen in Bewegung. Die Bundestagswahl 2009*. München: Olzog Verlag.

Klaus, E., & Röser, J. (2008). „Unterschichtenfernsehen“: Beobachtungen zum Zusammenhang von Medienklassifikationen und sozialer Ungleichheit. In Wischermann. U. (Hrsg.), *Medien - Diversität - Ungleichheit. Zur medialen Konstruktion sozialer Differenz* (1st ed.). Wiesbaden: VS, Verl. für Sozialwiss.

Kouskoutis, M. (2007). Franz Josef Strauß als Objekt politischer Karikatur – Freiheit der Meinungsäußerung durch Kunst vs. Ehrenschutz. In Roessing, T. (Hrsg.), *Politik und Kommunikation - interdisziplinär betrachtet* (S. 55-69). Baden-Baden: Nomos.

Ladd, E. C. (1993). The 1992 U.S. National Election. *International Journal of Public Opinion Research*, 5, 1-21.

Lakatos, I. (1974). Falsifikation und die Methodologie wissenschaftlicher Forschungsprogramme. In Lakatos, I., & Musgrave, A. (Hrsg.), *Kritik und Erkenntnisfortschritt* (S. 89-189). Braunschweig: Vieweg.

Lamp, E. (1987). *Öffentliche Meinung im alten Testament*. Diss. Phil. Mainz.

Lamp, E. (2005). Öffentliche Meinung und die Entdeckung der Schweigespirale. In Wilke, J. (Hrsg.), *Die Aktualität der Anfänge. 40 Jahre Publizistikwissenschaft an der Johannes Gutenberg-Universität Mainz* (S. 62-74). Köln: von Halem.

Lamp, E. (2009). *Die Macht öffentlicher Meinung – und warum wir uns ihr beugen: Über die Schattenseite der menschlichen Natur*. München: Olzog.

Lazarsfeld, P. F.,Berelson, B., & Gaudet, H. (1968). *The People's Choice. How the Voter Makes up his Mind in a Presidential Campaign*. New York, London: Columbia University Press.

Lippmann, W. (1960): *Public Opinion*. New York: Macmillan.

Locke, J. (1968). *Über den menschlichen Verstand*. Berlin, Hamburg: Meiner.

Lübbe, W. (1991). Sind wir alle Demoskopen? *Zeitschrift für Soziologie*, 20, 104-112.

Maier, J., & Brettschneider, F. (2009). Wirkungen von Umfrageberichterstattung auf Wählerverhalten. In Jackob, N., Schoen, H., &

Zerback, T. (Hrsg.), *Sozialforschung im Internet. Methodologie und Praxis der Online-Befragung* (S. 321–337). Wiesbaden: VS Verlag.

Matthes, J. (2011). *Framing*. Baden-Baden: Nomos.

Maurer, M. (2010). *Agenda-Setting*. Baden-Baden: Nomos.

Mayer-Uellner, R. (2003). *Das Schweigen der Lurker. Politische Partizipation und soziale Kontrolle in Online-Diskussionsforen*. München: Reinhard Fischer.

McCombs, M. E., & Shaw, D. L. (1972). The Agenda-Setting Function of Mass Media. *Public Opinion Quarterly*, 36, 176-187.

Merten, K. (1983). Wirkungen der Medien im Wahlkampf. Fakten oder Artefakte? In Schulz, W. (Hrsg.), *Massenmedien und Wahlen* (S. 424–441). München: Ölschläger.

Merten, K. (1985). Some Silence in the Spiral of Silence. In Sanders, K. R., Kaid, L. L., & Nimmo, D. (Hrsg.), *Political Communication Yearbook 1984* (S. 31-42). Carbondale, Edwardsville: Southern Illinois University Press.

Merton, R. K. (1995). *Soziologische Theorie und soziale Struktur*. Berlin, New York: De Gruyter.

Moy, P., Domke, D. S., & Stamm, K. (2001). The Spiral of Silence and Public Opinion on Affirmative Action: The Case of Washington State's initiative 200. *Journalism and Mass Communication Quarterly*, 78, 7-25.

Mutz, D. C. (1989). The Influence of Perceptions of Media Influence: Third Person Effects and the Public Expression of Opinions. *International Journal of Public Opinion Research*, 1, 3-23.

Nocker, I. (2007). Der Wahlkampf für Ludwig Erhard 1965. In Jackob, N. (Hrsg.), *Wahlkämpfe in Deutschland. Fallstudien zur Wahlkampfkommunikation 1912 - 2005* (S. 151–163). Wiesbaden: VS Verlag.

Noelle-Neumann, E. (1973). Kumulation, Konsonanz und Öffentlichkeitseffekt. Ein neuer Ansatz zur Analyse der Wirkung der Massenmedien. *Publizistik*, 18, 26-55.

Noelle-Neumann, E. (1974). The Spiral of Silence. A Theory of Public Opinion. *Journal of Communication*, 24, 43-51.

Noelle-Neumann, E. (1980). Das doppelte Meinungsklima. Der Einfluß des Fernsehens im Wahlkampf 1976. In Noelle-Neumann, E., *Wahlentscheidung in der Fernsehdemokratie* (S. 77-115). Freiburg, München: Alber.

Noelle-Neumann, E. (1982). Der Konflikt zwischen Wirkungsforschung und Journalisten. Ein wissenschaftsgeschichtliches Kapitel. *Publizistik*, 27, 114-128.

Noelle-Neumann, E. (1985). The Spiral of Silence. A. Response. In Sanders, K. R., Kaid, L. L., & Nimmo, D. (Hrsg.), *Political Communication Yearbook 1984* (S. 66-94). Carbondale, Edwardsville: Southern Illinois University Press.

Noelle-Neumann, E. (1989). Advances in Spiral of Silence Research. *KEIO Communication Review*, 10, 3-34.

Noelle-Neumann, E. (1991 a). Kommentar zu Weyma Lübbe. *Zeitschrift für Soziologie*, 20, 113-114.

Noelle-Neumann, E. (1991 b). The Theory of Public Opinion: The Concept of the Spiral of Silence. In Anderson, J. A. (Hrsg.), *Communication Yearbook 14* (S. 256-287). Newbury Park, London, New Delhi: Routledge.

Noelle-Neumann, E. (1992). Antwort auf Dieter Fuchs, Jürgen Gerhards und Friedhelm Neidhardt: Öffentliche Kommunikationsbereitschaft. *Zeitschrift für Soziologie*, 21, 385-388.

Noelle-Neumann, E. (1993). *The Spiral of Silence and the Bandwagon Effect. A Comparison of Two Concepts That Explain Speaking Out and Keeping Silent.* Paper prepared for the World Association of Public Opinion Research Seminar on Opinion Dynamics in Montral, February 17-19, 1993.

Noelle-Neumann, E. (1994). Are We Asking the Right Questions? Developing Measurement from Theory: The Influence of the Spiral of Silence on Media Effects Research. In Hamelink, C.J., & Linne, O. (Hrsg.), *Mass Communication Research. On problems and policies. The art of asking the right questions. In Honor of James D. Halloran* (S. 97-120). Norwood: Ablex.

Noelle-Neumann, E. (1996). *Öffentliche Meinung. Die Entdeckung der Schweigespirale.* Frankfurt am Main: Ullstein.

Noelle-Neumann, E. (1999). Öffentliche Meinung und Schreiben in der Diktatur. In Margret Boveri Stiftung (Hrsg.), *Ansprachen aus Anlass der Verleihung des Margret Boveri Preises für wissenschaftliche Publizistik am 8. November 1997 in Würzburg* (S. 41-61). O. O, o. V.

Noelle-Neumann, E. (2001). *Die Schweigespirale. Öffentliche Meinung – unsere soziale Haut.* München: Langen Müller.

Noelle-Neumann, E. (2006). *Die Erinnerungen.* München: Herbig.

Noelle-Neumann, E., & Köcher, R. (1997). *Allensbacher Jahrbuch der Demoskopie.* Allensbach: Saur, Verl. für Demoskopie.

Noelle-Neumann, E., & Petersen, T. (2004): The Spiral of Silence and the Social Nature of Man. In Kaid, L. L. (Ed.), *Handbook of Political Communication* (S. 339-356). Mahwah, London: Lawrence Erlbaum.

Noelle-Neumann, E., & Petersen, T. (2005 a). *Alle, nicht jeder Einführung in die Methoden der Demoskopie.* Berlin: Springer.

Noelle-Neumann, E. & Petersen, T. (2005 b). Verlorener Mut. Test der Schweigespirale anhand der Redebereitschaft von SPD- und CDU-Anhängern. In Noelle-Neumann, E., Donsbach, W., & Kepplinger, H. M. (Hrsg.), *Wählerstimmungen in der Mediendemokratie. Analysen auf der Basis des Bundestagswahlkampfs 2002* (S. 128-140). Freiburg: Alber.

Oberschall, A. (1997). *Empirische Sozialforschung in Deutschland 1848-1914.* Freiburg, München: Alber.

Perloff, R. M. (1993). Third-Person Effect Research 1983-1992: A Review and Synthesis. *International Journal of Public Opinion Research*, 5, 167-184.

Petersen, T. (2002). *Das Feldexperiment in der Umfrageforschung.* Frankfurt: Campus.

Petersen, T. (2007). Helmut Kohls Wahlkämpfe. In Jackob, N. (Hrsg.), *Wahlkämpfe in Deutschland. Fallstudien zur Wahlkampfkommunikation 1912-2005* (S. 194–214). Wiesbaden: VS-Verlag.

Popper, K.R. (2005). *Logik der Forschung.* Tübingen: Mohr Siebeck.

Prose, F. (1987). Gruppeneinfluß auf Wahrnehmungsurteile: Die Experimente von Sherif und Asch. In Frey, D. & Greif, S. (Hrsg.), *Sozialpsychologie* (S. 453-458). München, Weinheim: Beltz.

Roessing, T. (2007 a). Das Verhältnis von Philosophie und moderner sozialwissenschaftlicher Theorie am Beispiel des chinesischen Buches der Wandlungen (I Ging) und der Theorie der öffentlichen Meinung. In Roessing, T. (Hrsg.), *Politik und Kommunikation - interdisziplinär betrachtet* (S. 167-183). Baden-Baden: Nomos.

Roessing, T. (2007 b). Wahlkampf und Wirklichkeit – Veränderungen der gesellschaftlichen Realität als Herausforderung für die empirische Wahlforschung. In Jackob, N. (Hrsg.), *Wahlkämpfe in Deutschland. Fallstudien zur Wahlkampfkommunikation 1912-2005* (S. 46-56).Wiesbaden: VS Verlag.

Roessing, T. (2009). *Öffentliche Meinung - die Erforschung der Schweigespirale.* Baden-Baden: Nomos.

Roessing, T. (2010). Die Dynamik politischer Auseinandersetzungen in Wikipedia. In: Wolling, J., Seifert, M., & Emmer, M. (Hrsg.), *Politik 2.0: Politik und Computervermittelte Kommunikation* (S. 227-240). Baden-Baden: Nomos.

Roessing, T., & Esser, F. (2004). Auswirkung von Rand- und Nebenbedingungen auf Messungen und Kausalitätsannahmen im Experiment. In Wirth, W., Lauf, E., & Fahr, A. (Hrsg.), *Forschungslogik und -design in der Kommunikationswissenschaft. Bd. 1* (S. 115-127). Köln: Herbert von Halem Verlag.

Roessing, T., & Podschuweit, N. (2011). Wikipedia im Wahlkampf: Politiker, Journalisten und engagierte Wikipedianer. In Schweitzer, E. J., & Albrecht, S. (Hrsg.), *Das Internet im Wahlkampf: Analysen zur Bundestagswahl 2009* (S. 297-314). Wiesbaden: VS Verlag.

Rössler, P. (1997). *Agenda-Setting. Theoretische Annahmen und empirische Evidenzen einer Medienwirkungshypothese.* Opladen: Westdeutscher Verlag.

Rössler, P. (2010). *Inhaltsanalyse.* Konstanz: UVK.

Rössler, P., Schulz, A., & Mewes, M. (2011). Kumulation, Konsonanz und Netzwerkeffekte. Noelle-Neumanns Theorie der Öffentlichen Meinung unter Online-Bedingungen: eine theoretische Rejustierung der ‚Schweigespirale' im Lichte des ‚Social Web'. Vortrag im Rahmen der Jahrestagung der FG „Rezeptions- und Wirkungsforschung" der DGPuK in München, 29.01.2011.

Salmon, C. T., & Kline, F. G. (1985). The Spiral of Silence Ten Years Later. An Examination and Evaluation. In Sanders, K. R., Kaid, L. L., & Nimmo, D. (Hrsg.), *Political Communication Yearbook 1984* (S. 3-30). Carbondale, Edwardsville: Southern Illinois University Press.

Salmon, C. T., & Neuwirth, K. (1990). Perceptions of Opinion „Climates" and Willingness to Discuss the Issue of Abortion. *Journalism Quarterly*, 67, 567-577.

Salmon, W. C. (1998). *Causality and Explanation.* New York, Oxford: Oxford University Press.

Scheff, T. J. (1994). *Microsociology. Discourse, Emotion, and Social Structure.* Chicago, London: The University of Chicago Press.

Schenk, M. (2007). *Medienwirkungsforschung.* Tübingen: Mohr Siebeck.

Scherer, H. (1990). *Massenmedien, Meinungsklima und Einstellung. Eine Untersuchung zur Theorie der Schweigespirale.* Opladen: Westdeutscher Verlag.

Scherer, H., Tiele, A., & Naab, T. (2006). Die Theorie der Schweigespirale: methodische Herausforderungen und empirische Forschungspraxis. In Wirth, Werner, Fahr, A., & Lauf, E. (Hrsg.), *Forschungslogik und –design in der Kommunikationswissenschaft. Bd. 2. Anwendungsfelder in der Kommunikationswissenschaft* (S. 107-138). Köln: Von Halem.

Scheuch, E. K., Gräf, L., & Kühnel, S. (1989). *Volkszählung, Volkszählungsprotest und Bürgerverhalten: Ergebnisse der Begleituntersuchung zur Volkszählung*. Stuttgart: Metzler-Poeschl.

Scheufele, B. (2003). *Frames - Framing - Framing-Effekte. Theoretische und methodische Grundlegung des Framing-Ansatzes sowie empirische Befunde zur Nachrichtenproduktion.* Wiesbaden: Westdeutscher Verlag.

Scheufele, D. A. (1999). Deliberation or Dispute? An Exploratory Study Examining Dimensions of Public Opinion Expression. *International Journal of Public Opinion Research*, 11, 25-58.

Schinz, S. (2004). *Sitte, Moral, Anstand und das Phänomen öffentliche Meinung im England des 18. Jahrhunderts*. Remscheid: Gardez!

Schnell, R., Hill, P. B., & Esser, E. (2008). *Methoden der empirischen Sozialforschung*. München: Oldenbourg.

Schramm, H., Wirth, W., & Bilandzic, H. (Hrsg.) (2006). *Empirische Unterhaltungsforschung. Studien zu Rezeption und Wirkung von medialer Unterhaltung*. München: Reinhard Fischer.

Schulz, W. (1989). Information? Aufklärung? Werbung? In Statistisches Bundesamt (Hrsg.), *Wie spricht der Staat mit seinen Bürgern?* (S. 129-147). Stuttgart: Metzler-Poeschl.

Schumann, S. (2006). *Repräsentative Umfrage. Praxisorientierte Einführung in empirische Methoden und statistische Analyseverfahren. München*: Oldenbourg.

Shamir, J. (1993). Pluralistic Ignorance Revisited: Perception of Opinion Distributions in Israel *International Journal of Public Opinion Research*, 5, 22-39.

Shamir, J. (1997). Speaking Up and Silencing Out in Face of a Changing Climate of Opinion. *Journalism & MassCommunication Quarterly*, 74, 602-614.

Simpson, C. (1996). Elisabeth Noelle-Neumann's "Spiral of Silence" and the Historical Context of Communication Theory. *Journal of Communication*, 46, 149-173.

Stenger, J. (2007). Die Berufung auf den common sense als Strategie politischer Kommunikation. Sentenzen im Geschichtswerk des

Thukydides. In Roessing, T. (Hrsg.), *Politik und Kommunikation - interdisziplinär betrachtet* (S. 143-165). Baden-Baden: Nomos.

Taylor, C. (1975). *Erklärung und Interpretation in den Wissenschaften vom Menschen*. Aufsätze. Frankfurt am Main: Suhrkamp.

Tönnies, F. (1922). *Kritik der öffentlichen Meinung*. Berlin: Springer.

Vallone, R. P., Ross, L., & Lepper, M. R. (1985). The Hostile Media Phenomenon: Biased Perception and Perceptions of Media Bias in coverage of the Beirut Massacre. *Journal of Personality and Social Psychology, 49*, 577-585.

Weggel, O. (1997). *Die Asiaten*. München: dtv.

Wilke, J. (2005). Gründung und Entwicklung des Instituts für Publizistik. In: Wilke, J. (Hrsg.): *Die Aktualität der Anfänge. 40 Jahre Publizistikwissenschaft an der Johannes Gutenberg-Universität Mainz* (S. 13-40). Köln: Von Halem.

Willnat, L. (1996). Mass Media and Political Outspokenness in Hong Kong: Linking the Third-person Effect and the Spiral of Silence. *International Journal of Public Opinion Research*, 8, 187-212.

Bildnachweise

- Porträt Elisabeth Noelle-Neumann: mit freundlicher Genehmigung des Instituts für Demoskopie Allensbach
- Porträt Hans Mathias Kepplinger: mit freundl. Genehmigung von Hans Mathias Kepplinger

Bisher in der Reihe erschienene Bände

Band 1: Agenda-Setting
Von Marcus Maurer, 2010, 101 S., brosch., 17,90 €, ISBN 978-3-8329-4585-5

Band 2: Nachrichtenwerttheorie
Von Michalea Maier, Karin Stengel, Joachim Marschall, 2010, 163 S., brosch., 19,90 €, ISBN 978-3-8329-4266-3

Band 3: Parasoziale Interaktion und Beziehungen
Von Tilo Hartmann, 2010, 131 S., brosch., 19,90 €, ISBN 978-3-8329-4338-7

Band 4: Theory of Reasoned Action - Theory of Planned Behavior
Von Dr. Constanze Rossmann, Akademische Rätin auf Zeit, 2011, 135 S., brosch., 19,90 €, ISBN 978-3-8329-4249-6

Band 5: Das Elaboration-Likelihood-Modell
Von Prof. Dr. Christoph Klimmt, 2011, 117 S., brosch., 19,90 €, ISBN 978-3-8329-6176-3

Band 6: Diffusionstheorien
Von Dr. Veronika Karnowski, 2011, 107 S., brosch., 17,90 €, ISBN 978-3-8329-4269-4